JN155499

山崎勝之

なぜ、学校や社会は「自尊感情」がそんなに好きなのか?

福村出版

はじめに

世の中は、あいかわらず自信のない人たちであふれています。自分に自信をもった心は、「自尊感情」とか「自尊心」、それに「自己肯定感」などといいますね。英語でいえば、「セルフ・エスティーム」になります。

この自尊感情が低い人が多いことから、「自尊感情を高めましょう」という声があちこちで聞こえてきます。実際に高めようとする教育やセミナーもよく見かけます。このような世間の風潮を見ていますと、そんなに自尊感情って大切なの？　といぶかしく思ってしまい、自尊感情のことを本気で調べ始めたのが数年前です。実のところは、この疑問は遥か25年ほど前に遡った頃にすでに私の心を覆っていました。

私は心理学を専門としている大学の研究者です。25年前の私は、自尊感情の研究をしていたわけではありません。ただ、自尊感情の研究をしている人たちを不思議な目で見ていました。「本当に自尊感情が高い人が、『あなたは自信がありますか？』などと聞かれて、『はい、あります』と答えるものでしょうか？　そんな質問をされても、彼らは自分はどうなのかピンとこないし、答えようがないのでは？　それほどに、自尊感情の高い人は、自分に自信があるかどうかなど意識していないのでは？」と彼らに尋ねることがしばしばありました。

そんなとき、彼らは何も答えず、顔には失笑ともとれる笑みが浮かんでいたことを覚えています。「ばかなことを聞くなよ」という感じでした。それは、自尊感情の研究から私を遠ざけ、ふくらみ始めた自尊感情への興味が一気にしぼむ経験でもありました。「自尊感情の研究者たちは、こんな根本的な疑問にさえ向き合っていない」と、たいそう落胆したものでした。

それから何年たったことでしょう。まだ自尊感情の研究に手を染めてはいませんでしたが、それまでの自尊感情の研究を根底から覆すアイデアがこんこんと沸き上がり、一気にそのアイデアを書籍用の目次と序にしたため、ある出版社に出版を依頼したときがありました。あのバカにされたような対応にリベンジを果たしたかったわけではないのですが、けっこう熱い思いで出版社にかけあったのです。しかし、そのときの回答は、「自尊感情はもう世間では定着している概念です。そのような否定的な考えを書籍にはできません」というつれないものでした。読者に迎合し、常識に弓を引く考えに閉鎖的な世界を見たようで、またまた自尊感情から遠ざかってしまう出来事になりました。

こうして私は、常識というしがらみにとらわれる研究者や出版社を憐れむほどの失望感を何度も抱きました。かといって、これらの残念な経験は、自ら自尊感情の研究に軸足を置くほどの契機にはなりませんでした。結局は、自尊感情の概念の曖昧さと行われている研究水準の稚拙さを自分なりに感じ取り、研究者としてのプライドが自尊感情の研究へ踏み込むことを許さなかったのかもしれません。今思えば、実に身勝手な思い上がりだったのかもしれません。その思い上がりが、この書籍を書くのに10年以上の遅れをもたらすことになりました。

この事態が変わり始めたのが10年ほど前です。私は、健康や適応に影響を及ぼす心の特徴を調べる研究を長年やっているのですが、その基礎研究でデータが山のように集まりました。そうなると、データを活かして、学校で子どもたちの健康と適応を守る教育をしたい、という思いが募りました。しかも、問題が起きてからではなく、起きる前に手を打とうという予防教育です。幸運にも、大学の予防教育科学センターの所長を拝命し、国から多額の予算をいただき、多数の人員も確保できました。

そして、開発を始めた予防教育の教育目標が期せずして自尊感情と深い関係があり、さすがに今回は自尊感情から目を離すことは許されなくなりました。そこで、自尊感情の国内外の研究をしらみつぶしに調べ、自分たちでも研究を始めました。そこで分かったことが、「これまでの自尊感情の研究は間違っている！　自尊感情の学校や社会での教育は、とんでもないことをやっている！」ということでした。

そこからは、もう逃げませんでした。まずは研究界からと考え、学術論文を書き、学会でシンポジウムを開催し、堰を切ったように、自尊感情の研究と教育へ抜本的に再考を促す主張を発信し始めました。多くの研究者とも直接討議しました。こうした活動のもと、私たちの考えを理解してくださる研究者がしだいに増えてきました。それならば次はと、武者震いをしながら進めたのが、一般の人たちへの啓蒙でした。その啓蒙活動の中、最も期待を込めて送り出したのが、この本です。付け焼き刃的に書いた書籍ではありません。長年の鬱積と科学の息吹を吹き込んだ、渾身の一冊です。

多くの方にこの本を読んでいただき、一度日本全体で自尊感情への考え方を白紙に戻しましょう。そこからの再出発です。本当の自尊感情を、本当に伸ばす教育が日本中に広まり、明日の子どもたちを健全に育み、現代の大人たちが安寧に満ちた生活を実現するのです。そのことを、誰よりも強く願っています。

目次

第2章　「自尊感情」の誕生と死、そして新たなはじまり　27

第3章　非意識の世界を見よ！　55

第4章　果たして「自尊感情」は測れるのか？ 85

第5章 「自尊感情」を伸ばす教育と幸せな人生

第1章

なぜ、学校や社会は「自尊感情」がそんなに好きなのか？

恐怖の管理には欠かせない自尊感情

私はよく、人間はすごいな、と思います。なぜなら、人は生まれたそのときから避けようがない悲劇、つまり死への秒読みに入るからです。近年は100歳まで生きる人も増えてきました。といっても、大宇宙の何億年という時間の流れから考えれば、そんな長寿もほんの瞬きするほどの時間でしかありません。こんな悲劇を前に、誰もがうつ病になってもおかしくありません。自殺者がもっと増えても不思議ではないと考えてしまいます。よく、「うつ病になる人の方が正常なのでは?」というおかしなことを言う人に出会いますが、あながちおかしなこととはいえません。

しかし、人間はタフです。この死への秒読みなどものともせず、けなげに一生懸命生きる人がほとんどです。「いとおしい」といってもよい生きぶりです。この刻々と迫る死という過酷な運命とけなげな生きざまとのギャップを心理学でも学問的に考え始め、それが恐怖管理(テラー・マネジメント)という理論(1)として出されています。誰も死を避けることができないことから、死は誰にとっても脅威です。しかし幸運にも、脅威を感じたまま生きていく不自由から逃れる仕組みがいろいろと人には用意されています。

自尊感情がその一つです。アリゾナ大学のグリーンバーグ博士たちは(2)このことを実験で証明しています。博士たちは、大学生に死についてのビデオ、つまり検死や電気処刑の場面のビデオと死の脅威のないビデオを見せました。その前に、自分の性格について虚偽の評価を渡しました。ポジティブな評価を受けて自尊感情を高められた者は、ポジティブでもネガティブでもない中立の評価を受けた者に比べて、死のビデオを見てもあまり不安を感じませんでした。**図１－１**には、それぞれの条件での実際の数値を示しています。

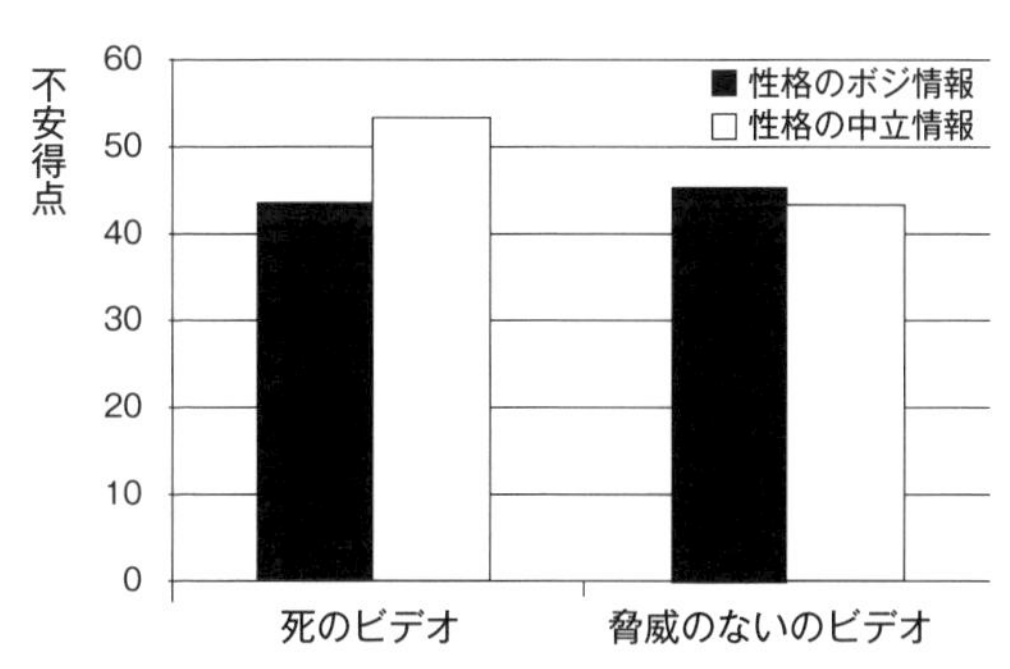

図 1-1　死のビデオを視聴時の不安に及ぼす自尊感情の影響

（Greenberg et al., 1992 (2) より作成）

また博士たちは一連の別の実験で、参加者に実験室で電気ショックが与えられることを予期させました。その前に、実施した課題の成績について虚偽の報告をしました。成績が良かったという情報を受けて自尊感情を高められた者は、成績の情報を与えられなかった者よりも電気ショックの予期に対する不安が低くなりました。しかも、この場合の不安は自己報告ではなく、警察でよく使われる「嘘発見装置」で測る皮膚電気反応と呼ばれる生理的な反応で測定されました。不安が高まると、この反応が増大することを利用した実験でした。

死とはいわないまでも、人生にはさまざまな脅威が待ち受けています。何度も失敗することでしょう。しかし同じ失敗をしても、落胆したり、挫折したりする度合いは人によって違います。その違いをもたらす大切な心の特徴が自尊感情です。自尊感情の低い人は、ちょっとの失敗で立ち上がれないほどの挫折を味わうことになります。その挫折で自殺をしてしまったり、家に閉じこもって引きこもりになったりするかもしれません。こう考えると、自尊感情の高い人と低い人では、人生の発展度というか、充実度が大きく違ってきます。自尊感情が高いことは、しみじみとありがたいものです。

自尊感情、自尊心、それとも自己肯定感？

さて、この本の最初のこのあたりで、「自尊感情」とそれに関連した用語のことをお話しておく必要があります。この領域の心理学的な研究はアメリカで始まり、自尊感情の英語といえば、ほぼ「セルフ・エスティーム（self-esteem）」になります。

日本でセルフ・エスティームの研究が始まると、その訳語が使われるようになりました。これまでに、自尊感情、自尊心、自負心、自己尊重、自己価値、自己肯定感など多くの訳語が宛がわれています。その中で最もポピュラーな訳語が自尊感情になるでしょう。

しかしセルフ・エスティームは、感情はもとより、認知、思考、態度、行動の特徴をすべてカバーする概念です。このように、心理的な特徴をすべてカバーした概念は性格（パーソナリティ）になります。この点を大切にすれば、自尊感情ではなく、自尊性格や自尊心という訳語が正しくなります。そしてこの二つでは、自尊心の方がよく使用され、自尊性格はまず使われません。ここから最初は自尊心を第一選択語としたのですが、学校関係者の間ではあまり使用しません。それに一般的にも、少し驕ったマイナス・イメージをもっているのが自尊心という言葉です。

そのままセルフ・エスティームとカタカナ書きをすればよかったのでしょうが、何といっても英語に直接対応しているので、一般に馴染みがありません。言葉そのものからくる意味合いも伝わりにくくなるので、カタカナ表記はやめました。

そこで、この本では一般に馴染みのあるということを優先して「自尊感情」を採用しました。しかし、あくまでもこの概念は性格であることを忘れないでください。それさえ忘れなければ、この言葉を使うことに何ら問題はありません。また学校では、「自己肯定感」という言葉が自尊感情と同じ意味で頻繁に使われます。不思議なことに、研究の世界ではこの言葉はめったに使われません。この本の自尊感情の話は、自己肯定感にもほぼそのまま当てはまることを強調しておきます。

それにしても、自尊感情という言葉は抽象的で、「はっきりと定義してください」と言われると躊躇してしまいます。セルフ・エスティームの訳語としてこの言葉が意味することはしだいに明らかにしていくつもりです。

学校や社会が「自尊感情」好きな理由

学校の先生方と話していると、近頃の子どもたちの問題に頭を悩ませている状況がよく分かります。いじめや暴力、不登校、授業に集中できない、それに、うつ病のような無気力まで、問題が山積しています。それで、病気になったり、学校を辞めてしまったりする先生があとを絶ちません。そして、「自尊感情が低い子どもが多いんです。自分に自信がないんですよ」と、原因をこの一点に集約することがたびたびです。

確かに、自尊感情が低いと積極的に行動することができません。また、自尊感情が低いことから不安や攻撃性が高まります。自尊感情が低いことは、多くの問題につながっているように見えます。

このことは、学校以外の社会でも同じです。会社でも、サークルでも、それに家庭でも、人が2人以上集まると対人上の何らかのトラブルが起こります。そして、トラブルに関係した人の自尊感情がとやかくいわれることが少なくありません。

「自尊感情が低いから」の一言は、問題に直面している人にとっては好都合です。これほどはっきりとした原因はないように見えますし、何よりも、そう言われた人は「なるほど」と納得してしまうほどクリアな原因になるわけです（単なる見かけ上の話ですが……）。だからといって問題は何も解決しませんが、なぜか心理的な緊張がゆるみ、「しかたがないな」とざわつく気持ちが収まるのです。

自尊感情が高すぎることも問題になることに、うすうす気づいている人はたくさんいることでしょう。しかし、高すぎる自尊感情を問題にする必要などないほど、自尊感情が低い人が多すぎます。それに、高すぎるというほど自尊感情を高めることは現実的にはむずかしいのです。

こうして、ありがたい自尊感情の概念が重宝されている社会が現代です。

科学的には自尊感情の崇拝神話は終わってよい、はず

ところが近年、この万能薬ともいえる自尊感情の効能を真っ向から否定する研究が相次いで

出されています。そのくわしいことは第2章で説明しますが、取り急ぎ、ビッグ・ニュースにもなった研究を二つほど紹介します。

自尊感情を高めることに公的予算を堂々と使用した大規模な例は、米国カリフォルニア州に見られます。州議会議員のジョン・ヴァスコンセロスは難産の末、1986年に「セルフ・エスティーム＊と個人的、社会的責任を育成するタスク・フォース*」を設ける法案を議会で通しました。さらに、この法案に否定的であった当時の州知事ジョージ・デュックメイジャンを説き伏せ、知事による承認も得ました。こうして、議会法案3659として成立したのです。その法案により、25人のメンバーからなるタスク・フォースが生まれ、年間24万5000ドル（1ドル100円として2450万円）が3年にわたって支出されることになりました。

そしてこのタスク・フォースが、これまでの自尊感情に関連する研究を調査するため学者チームを編成しました。その後、その結果は1989年に公表されました(3)。しかしそこで分かったことは、タスク・フォースが自尊感情に抱く期待を打ち砕くものでした。その書籍のどの章も、自尊感情と期待された結果の関係はたいへん低いというものでした。その相関は低すぎて、低い自尊感情が社会的な問題を生み出しているのかもしれないというテーゼ（主張）を出せないほどであったといいます。

図1－2は、その報告書の第二著者であるスメルサー博士の、自尊感情と良好な結果の関係

タスク・フォースの報告書に，スメルサー博士は書いた：
「残念だったことの1つは，これまでの研究では，自尊感情と望ましい結果との関係がいかに低いかだ」

・全体的にいえることは，10代の妊娠，児童虐待，飲酒，薬物乱用と自尊感情の関係は，

正負の関係が混合しているか，
統計的に意味がないか，
ほぼゼロである。
→ ほとんど関係ない

・向精神薬の使用は，自尊感情を高める。

図1-2　カリフォルニア州タスク・フォースの否定的データ

（Smelser, 1989[4] より著者作成）

が低いことへの失望の一端を示しています。博士はこの記述の後、低かったことの理由を研究上の誤りだと主張する長文を付記していますが、科学的な立場からすれば、よほどはっきりとした、大きな間違いではない限り、まずは低いということを受け入れるのが筋だろうと思われます。

この流れを決定的にしたのが、フロリダ州立大学の心理学者バウマイスター博士らの研究です[5]。アメリカ心理学協会（American Psychological Society）が、自尊感情の効用に反対する急先鋒である博士らに、自尊感情の効果の総合的な評価を依頼したときのことでした。博士らは、依頼を受けてタスク・フォースを立ち上げました。そして2001年に、それまでに出された自尊感情と他の変数（健康、適応、遂行力など）との関係について の1万5000以上の論文を抽出して調べ上げました。

その結果、ほとんどの論文は、自尊感情の低さが個人的ならびに社会的問題をもたらすという因果関係の推定に十分な科学的方法をとっていないことが分かりました。そこで、博士らの設定した厳格な基準で残った研究を精査した後、自尊感情は成績もキャリア達成も高めず、対人関係も良好にはしないと報告しました。また、幸福感との正の関係**こそみられましたが、暴力も低下させず、喫煙、飲酒、薬物、それに早期の性行動を低めてもいなかったことを明らかにしました。

こうして博士らは、自尊感情が生活上良好な結果をもたらすという世の常識的な考えに否定的な結論を下したのです。そして、ここから当然のことになりますが、臨床場面や学校場面で自尊感情を伸ばす試みには効果がないと結論しました。

この二つのタスク・フォースが出した結論は、自尊感情が低いことがすべての問題の元凶だという通説にピリオドを打つ、はずでした……。もちろん、これらのタスク・フォース以前には、自尊感情と良好な結果の関係を示す山ほどのデータがありました。そこで不思議に思うことは、なぜそのようなデータが多かったのかということですが、それは次の章で説明します。

---

*もともと軍隊で任務（タスク）の遂行のために組織された部隊のことだが、一般に何らかの課題を行うた

めに一時的に編成された部局や組織を指す。海外の学会では、頻繁にタスク・フォースを設け、効率よく集中して作業にあたっている。
＊＊正の関係は、二つの事柄の関係が同方向に変化する関係。つまり、一方が増えると他方も増える。負の関係は、反対方向に変化する関係のことである。つまり、一方が増えると他方が減る。

本当の自尊感情を救おう！

「憐れ、自尊感情もこれで終わりか」と思いきや、とんでもありません。自尊感情神話は一向に衰えません。むしろ学校教育では、最近勢いを増してきたような気もします。さすがに、科学とは無縁で進んでいく学校教育です。どれほど自尊感情に効力がないことを科学的に証明しても、そんな証明には見向きもしません。その状況を**図１－３**に示しました。社会通念や自尊感情神話からの圧力は、途方もなく大きなもののようです。

ガリレオがコペルニクスの地動説を信奉して宗教裁判にかけられ有罪になりフィレンツェに軟禁されてから、ローマ教皇庁が公式に自分たちの非を認めるまで３７０年ほどもかかった事実は何なのでしょうか？　この科学社会にあっても、科学の行く手を阻む強堅な力があるようです。

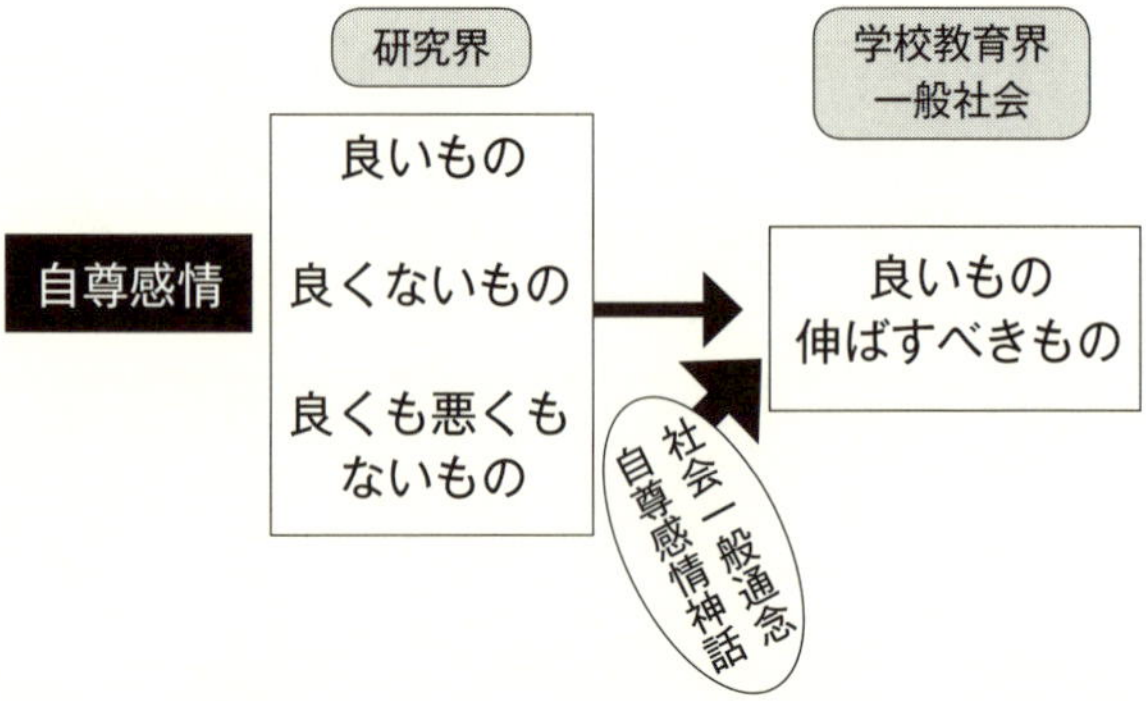

研究界

学校教育界
一般社会

自尊感情

良いもの
良くないもの
良くも悪くもないもの

良いもの
伸ばすべきもの

社会一般通念
自尊感情神話

図 1-3　自尊感情にかかわる研究界と学校教育界，一般社会の考え方のズレ

しかし私たち科学者は、それでは居心地が悪いのです。自尊感情に効用がないのなら、その概念には見向きもしないという、きっぱりとした行動が伴う必要があります。エビデンス（科学的根拠）がすべてです。と、偉そうなことをいいましたが、実は未練があります。「自尊感情」という言葉の響きは、確かに、尊い、何か大切なものが、ここにあると感じさせます。そう簡単に、見捨てるわけにはいきません。

そこで、最後のあがきということで、自尊感情自体に問題があるのではなく、私たちが考えてきた自尊感情の概念が間違っていて、その間違いを正せば自尊感情を救えるのではないか？　あるいは、自尊感情の測定方法に何か問題があったのでは？　と考えるようになりました。そして、実際に本気で調べ始めました。

この最後のあがきをしていると、しだいに、なんとか自尊感情を救うことができるのではないかと考えるようになってきました。それは、救うというよりも、これまでの研究や教育をいったんチャラにして、新生の自尊感情として新たな研究や教育を打ち立てることになります。

この本では、それをどのようにやったらよいのか、さらには実際にもうやっていて、どのような成果を出しているのかについてみなさんにお示しします。

「こうすれば、自尊感情は、やはりありがたい」という真実をお伝えします。

第2章

「自尊感情」の誕生と死、そして新たなはじまり

「自尊感情」の誕生

この本は、心理学者が書いています。もちろん、「自尊感情」も心理学が中心になって取り扱う概念になります。とはいえ、自尊感情は日本語でも英語でも一般に使われる言葉で、心理学が誕生する前から日常で普通に使われていました。その日常にある言葉を心理学の舞台に押し上げたわけです。

これは、「日常性の学問」といわれる心理学ではよくある話で、心理学が専門に扱う概念の多くは、似たり寄ったり、日常から学問へと移された経緯をもっています。日常性の高い概念を心理学で問題にする場合、まず最初にしっかりと概念を定義することから始める必要があります。しっかりと定義しなければ、なんとなく分かっているという共通認識でとらえられ、人によって細部の理解が違っていたり、くわしいところまで理解が及んでいなかったりします。それでは、早晩研究が混乱するのは目に見えています。

心理学は誕生して１００年ちょっとの若い学問です。その最初の頃から、心理学は自尊感情を研究対象にしていました。ということは、誕生の最初の頃から自尊感情の概念がしっかりと定義されていたことになります。

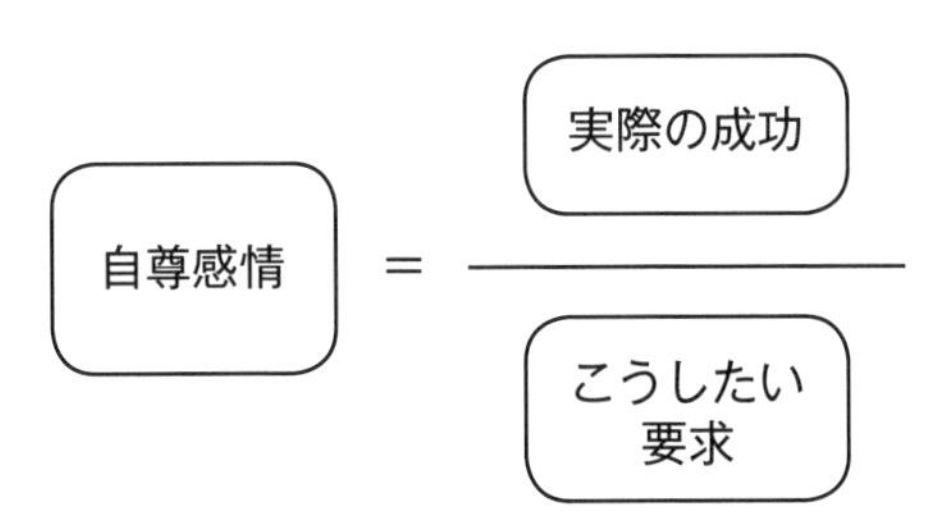

図 2-1　ウイリアム・ジェームズの自尊感情の方程式

注：実際の成功度が低くても，こうしたい要求度がさらに低いと自尊感情は低くならない。こうしたい要求は，自分が重視する領域ほど高くなる。

その最初は、やはり、アメリカの心理学者ウイリアム・ジェームズが登場します。心理学上の多くの問題で最初の出発点を示したのが、彼の著した大冊の書籍『心理学原理（principles of psychology）』[1]です。文学好きな人には、小説家ヘンリー・ジェームズのお兄さんといえば、身近に感じられるでしょうか。

彼はその書籍で、自尊感情を「実際の成功」と「こうしたいという要求」の比として表し、この比が１より大きくなると自尊感情が高まると考えました（**図２-１**）。そして、自分が重視する領域でこの比が１より大きくなることが大切だと考えました。「誰かが自分より心理学に精通していると屈辱を感じるが、自分が他人よりギリシャ語ができなくても何ら恥ずかしいことではない」という例を出し、自分が重視する領域こそが大切であることを強調しました。

ジェームズの書籍が出版されたのは１８９０年でした。

その後、心理学で自尊感情が本格的に研究されるには１９

60年代を待たなければなりませんでした。ジェームズ以降70年ほどの空白期間があったわけで、それが何を意味しているのかは定かではありません。なぜか、60年代に入り立て続けに自尊感情の新しい概念が提起され、研究が活気を帯び始めました。

いずれも心理学の本場であるアメリカからの発信でした。社会学者であり心理学者でもあったローゼンバーグ博士、心理学者クーパースミス博士、サイコセラピストのブランデン博士らが立ち上がり、そうそうたる面々によって自尊感情の実証的研究*の黎明期が確立されました。

この3人はいずれも大きな足跡を残したのですが、ここではローゼンバーグ博士の功績を強調する必要があります。なぜなら、その後50年ほどが経過した現在に至るまで、自尊感情の研究や教育でより所の中心は博士の概念であり、そして測定方法であったのです。

博士は、自尊感情を自分への肯定的あるいは否定的な態度と考え、高い自尊感情に二つの違う意味を含ませ、両者を対比しながら望ましい自尊感情の概念を明らかにしていきました。その一つは、自分を「非常に良い（very good）」ととらえること、そしてもう一つが「まあ、良い（good enough）**」ととらえることです。

「非常に良い」では、自分が他人よりも勝っていると考えますが、自分が自分に設定する基準に照らせば不十分だと考えることにもなります。一方、「まあ、良い」では、自分を平均的な人間だととらえますが、自分が見たところ自分にはかなり満足していることになります。つまり、今の自分を敬っていますが、必ずしも他の人より優れているとは考えていません。そして、自分の不完全さと不十分さには気づいていて、これらの欠点を克服できると確信をもって期待しています。

この「まあ、良い」の自尊感情こそ望ましい自尊感情で、それを「非常に良い」の自尊感情とは区別して測る必要があると博士は考えました。そして、実際に測定方法まで開発したのです。その方法のくわしいことは後で紹介しますが、自尊感情の研究や教育の多くは、博士の測定法を使用してきた事実をここで強調しておきたいと思います。

＊ 実証的研究とは、簡単にいえば、誰もが再現できる方法で結果を出す研究を指す。

＊＊「これで良い」と訳されることが一般的だが、ローゼンバーグ博士は、これで良いと止まるのではなく、改善し成長していく内容を自尊感情に込めているため、この訳は適切ではない。

自尊感情は性格か？ 自尊感情は一つか？

心理学では、「特性か？ 状態か？」という区別に神経質になります。特性は、いってみれば性格のことで、その人がもつ安定した特徴です。一方、状態もその人の特徴に変わりはありませんが、時や場所によってころころと変化します。また、特性が安定しているといっても個人差があり、安定するはずの特性があまり安定していないというのもその人の性格になります。

この観点から自尊感情を見ると、自尊感情は特性にも状態にもなります。しかし、個人にあって安定的な影響を及ぼしているということでは、特性としての自尊感情が大切です。時や場所により変動しているように見えても、長めの時間的スパンで見ると「あの人の自尊感情は高い（あるいは低い）」などと、その人の安定した性格としての自尊感情を指摘することができます。この本では、とくに断りがない限り、性格としての自尊感情を問題にしています。このことは第1章でも念を押しました。

もう一つ、ここで考えておきたいことがあります。自尊感情は生活の領域によって異なるかどうかという問題です。領域によって異なることを強調した代表的な研究者に、ニューヨークのセント・ジョーンズ大学のポープ博士がいます。彼女は、自尊感情を、社会（友だちとしての他者が自分をどう見るか）、学業、家族、身体イメージの領域別と、加えて全体的自尊感情を想定して測定しました(2)。

確かに、領域によって自尊感情の高低があるように思います。しかし、領域によって人の性格が変わるということはあまりないように、自尊感情も領域によって変わるということはそれほどないようです。自尊感情が高い人は、自分が大切にしない領域でうまくいかなくても、そのことでその領域での自尊感情が低くなるということはなく、余裕でその失敗をとらえます。「スポーツが下手でね、私は」などと笑い飛ばすことでしょう。大切にしている領域でさえ、失敗しても自分に自信をなくすことはなく、さらに前向きにその領域に取り組むことになるでしょう。

こうしてこの本では、領域ごとに異なる自尊感情という観点は強調せず、全体的な自尊感情を強調することになります。

社会運動にまで成り上がった自尊感情

ローゼンバーグらの書籍に遅れること数年で、アメリカでの自尊感情の教育や研究を活気づける人物と書籍が出てきました。サイコセラピストのナサニエル・ブランデン博士と博士による『自尊感情の心理学（the psychology of self-esteem）』[3]です。博士は、アメリカでその後に興った「自尊感情運動」の父と呼ばれるほどこの領域では影響力をもった人物でした。

ブランデン博士の主張は熱く、自尊感情は人間の存在のあらゆる側面に深い影響を及ぼし、人生における成功への鍵だと考えました。もちろん博士だけの影響ではありませんが、やがて自尊感情は、個人レベルの関心に留まらず社会レベルの関心にまで広がり、社会運動的な色彩を帯びていったのです。自尊感情が低いと、個人と社会全体に問題をもたらし、自尊感情を高めることが何にも増して大切で、高い自尊感情を達成することへの熱望が社会を動かしたのです。

自尊感情の大切さは誰もが直感的に感じていたことであり、「自尊感情が大切だ」と言われればそれに真っ向から反対する声はほとんどなかったことは事実です。この状況で、多くの研究者が自尊感情の効用を科学的に証明し始めました。証明が後からついていったというのはおかしな話ですが、実証的な科学者ではなかったブランデン博士の書籍や主張は、科学性を度外視してうまく民意を取り込む熱い主張が核になっていた、というのが本当のところです。結局、社会を大きく動かすのは熱のこもった扇動なのかもしれません。

という批判めいたぼやきはさておき、その後、科学論文上に自尊感情の効用を証明する実証的な研究が続々と登場したのです。そこで次節から、後で否定することになるので気乗りはしませんが、そうした研究成果を大切な生活側面別に紹介しておきます。華々しい自尊感情への崇敬を後押ししたデータを見ておくことは、歴史的には大切なことです。

とはいえ、自尊感情の研究は現在2万本を越えて論文が出されています。それを総括することなど到底できそうにありません。代表的な領域でいくつかの研究例を挙げる程度の紹介に留めましょう。

自尊感情は健康をつくるのか？　―うつ病、心臓病と自尊感情―

精神科領域では、ＤＳＭ（Diagnostic and Statistical Manual of Mental Disorders）と呼ばれる手引き書が病気の診断に使用されることが主流です。現在、ＤＳＭは第5版まで改訂が重ねられています。このＤＳＭでは、多くの病気の診断に自尊感情の高低の基準が入っています。前の版では、自尊感情という言葉が24の症状診断に使われていたということです(4)。うつ病、社会的恐怖症、不安障害、さまざまな性格障害、統合失調症、摂食障害など多様な精神的病気の基準には大なり小なり自尊感情の歪みや低下が入っています。

ということは、自尊感情のとらえ方は間違いがないという前提ですが、精神的健康と自尊感情は深く関係する結果が当然のように出ます。といっても、ＤＳＭは医師が問診で判断する手引き書ですから、やはり実証的な研究を見てみましょう。「うつ病の時代」と呼ばれる現代ですから、抑うつと自尊感情の関係の研究が数多く見られます。

図２‐２は、大学生を対象に、現在うつ病の者、以前うつ病だった者、そしてうつ病にはかかったことがない者を質問紙で選別し、それぞれのグループで自尊感情の得点を比較した結果です(5)。現在うつ病の者は、他の二つのグループに比べて自尊感情が統計的に低くなっていま

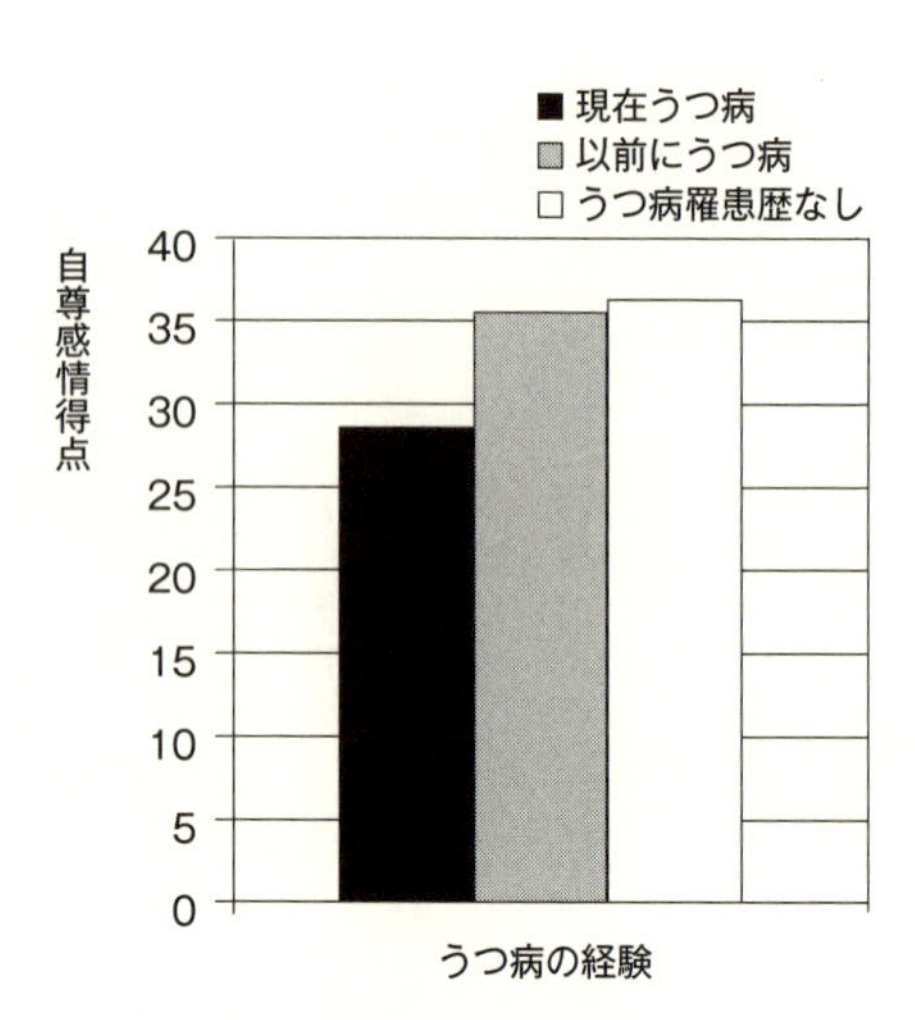

図 2-2　自尊感情とうつ病との関係

（Butler et al., 1994 (5) より作成）

す。以前うつ病だった者とうつ病にかかったことがない者は、確率的には惜しいところで統計的な差は確認できませんでしたが、前者の方が得点が低くなっていました。

その他にも病気ではないのですが、自尊感情の高さと幸福感(6)や生活満足感(7)の正の関係は安定して結果が出ています。幸福で、生活に満足しているということは、精神的にかなり良好な状態を示しています。

身体的な健康面でも、自尊感情との関係が多数出ています。自尊感情は心の特徴なので、健康面でも精神的健康との関係の方が研究結果は多くなります。それでも、一方は心、他方は身体という異質な二つにも関係が出ていることは実に興味深いものがあります。

例を挙げると、低い自尊感情の者は、ウエスト・ヒップ比*が高く(8)、心臓病死のリスクが高まり(9)、喫煙など生活習慣も悪化しています(8)。これらの身体的健康面の悪化の原因の一つにはストレスが考えられます。ストレスは心臓病でもがんでも、万病の原因になるといわれています。表面上はストレスは心理的な反応ですが、本来は身体の反応です。ストレスを感じているときの一つのはっきりとした指標は、ストレスホルモン（コルチゾール）です。そのコルチゾールを測定した結果でも、自尊感情が低いとコーチゾールのレベルが高いことが示されているのです(10)。

＊ウエストとヒップの回りの長さの比率は、内臓脂肪の蓄積状況を示し、この値が高いとメタボリックシンドロームや生活習慣病になる危険率が高まる。

自尊感情は社会を健全にするのか？ ―犯罪、非行と自尊感情―

反社会的行動とは、社会的に許されない行動をすることです。反社会的行動には、暴力やいじめなど攻撃的な行動、虚偽や不服従など攻撃的ではない行動、それに、非行やドラッグ（未成年なら飲酒や喫煙）など法に触れるような行動が含まれます。これらは、外に現れる問題ということで、外在化問題とも呼ばれます。

そもそも自尊感情が低いことが矢面に立たされたのは、この反社会的行動との関係が指摘されたことによります。それだけに研究データも多いのですが、一例を挙げてみます。**図２-３**

には、ミシガン州立大学のドネラン博士らの研究結果が示されています*(11)。この研究では、子どもが11歳のときと13歳のときの2回、自尊感情と外在化問題が測られています。この結果では、とくに11歳から13歳の影響を見てみると、弱いながら11歳時の自尊感情が13歳時の外在化問題を予測しています。同様に同じ研究で、低い自尊感情が非行をもたらしているという結果が出ています。

他にもドラッグの使用(12)、性的犯罪(13)、未成年の喫煙(14)や飲酒(15)と自尊感情の負の関係が報告されてきました。

---

* 図には負の相関関係や正の因果関係という言葉と数値が出ている。この数値（係数）は-1から+1までの値をとる。+1なら2つの事柄は完全に正比例して変化する。つまり、一方が2倍に増えれば、他方も2倍に増える。-1は完全に反比例するということで、一方が倍に増えれば他方は半分に減る。ゼロは2つの事柄はまったく関係なく変化するということで、ゼロより+1の方向にいくほど正比例に近づいていき、-1に近づくほど反比例に近づくということになる。相関関係は、双方向の矢印で示されるように両者に関係があることだけを、因果関係は、矢印が向く方向に原因と結果の関係があることを示す。

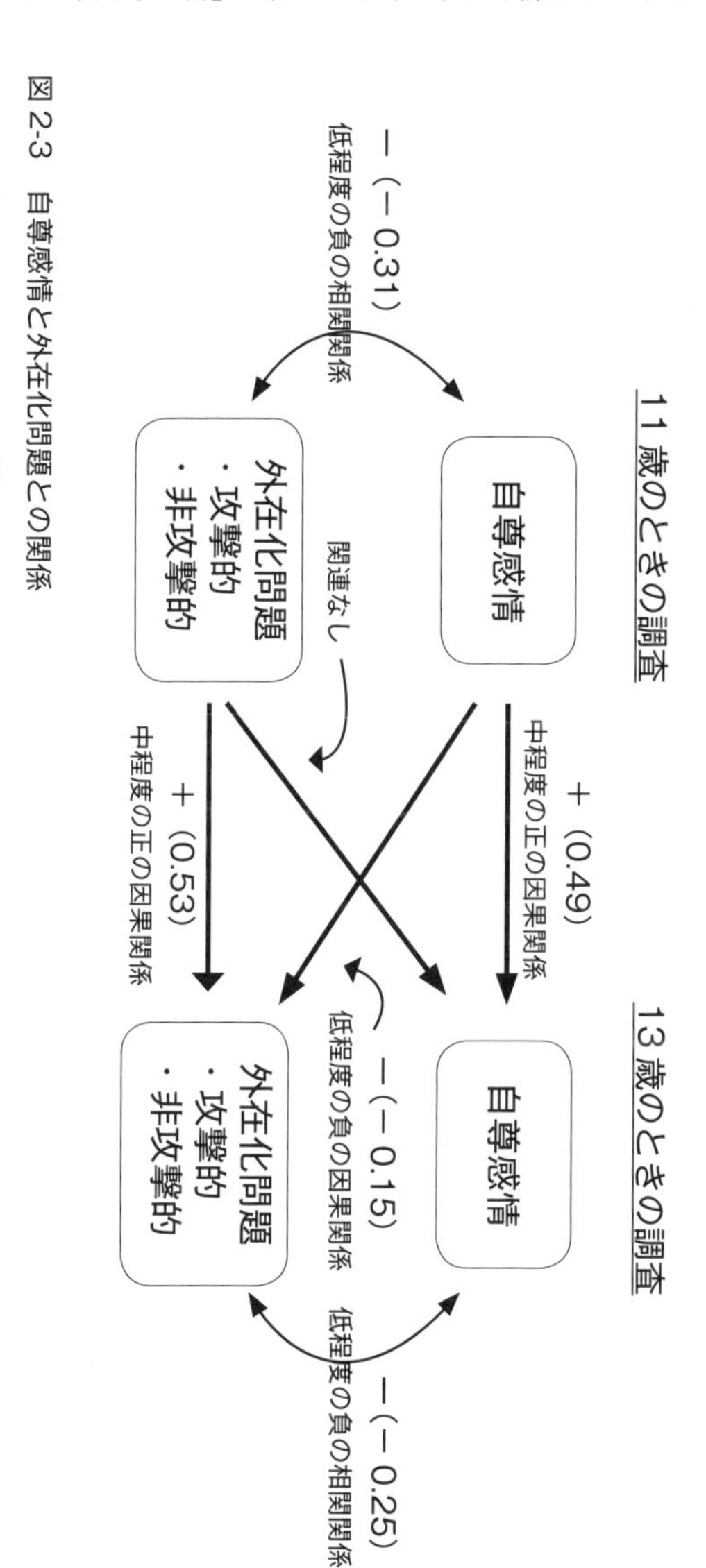

図 2-3　自尊感情と外在化問題との関係
（Donnellan et al., 2005 [11] より改変）

自尊感情はエリートをつくるのか？ ―学校の成績と自尊感情―

勉強が大切にされることから、学校では学業成績には敏感に反応します。自尊感情の高さも学業に好影響を及ぼすことは最初から期待されました。その期待を反映してか、自尊感情と学業成績との正の関連を示す研究が数多く出されました。ただ、これまでに紹介してきたほとんどの研究とは違って、学業成績は具体的なテスト結果など明確な得点でとらえられました。つまり、自尊感情は質問紙による自己報告であるのに対して、学業成績はテストなど課題実施による遂行結果です。

両方ともが自己報告で測定された場合、結果を良く見せようという虚偽の反応傾向など共通したエラーが入り、二つの関連は見かけ上高くなります*。ところが、その見かけ上関連を高める要因が学業成績には少ないわけですから、思いのほか自尊感情と成績との関連は小さいものが多くなりました。

とはいえ、自尊感情と学業成績には良好な関連が出ているので、少し例を出してみます。イギリス、マンチェスター大学のデーヴィーズ博士たちは[17]児童に算数や読みのテストを行い、自尊感情との関係を調べました。その結果、0・11〜0・21の相関係数が得られ、低い値ですが、すべて統計的にはゼロではないと認められる値（有意な値）になりました。参加者がオーストラリア、メルボルンの大学生の研究では、数学と英語の成績と自尊感情の相関係数は０・29と少し高めに出ています[18]。

これらの結果は、自尊感情と学業成績の関係は低いながらも認められることを示しています。

＊ただ、外在化問題との関係で**図２－３**に示した縦断研究（予測的研究）デザインでは、この共通したエラーを消し去る統計処理ができるので、それをなくすと**図２－３**にあるように同じ質問紙調査でも関連は小さいものになる。ここでいう縦断研究とは、時間を隔てて複数回測定を繰り返し、前から後へと因果関係を推定する研究デザイン。これに対して横断研究では、同時に複数の測定を行い、測定結果間の関係を調べる研究デザインである。なお、縦断研究で共通したエラーを消し去る統計処理の方法については、山崎（２００９）[16]の縦断研究における分析方法を参照されたい。

否定的なデータの逆襲、そして総合的検証へ

第１章で紹介した、カリフォルニア州の自尊感情にかかわるタスク・フォースもバウマイスター博士らのタスク・フォースも、過去の研究を総ざらいにして調べた結果、自尊感情と良好

な結果の関係をほぼ否定するものでした。ということは、前節までに紹介した自尊感情と良好な結果との正の関係を示した研究と同時に、そのような関係はない、あるいは負の関係を示した否定的な研究も同じぐらい、あるいはそれ以上出ていたということになります。

先にも指摘しましたが、ブランデン博士らが影響力をもった自尊感情運動は、信憑性のある科学的なデータに基づいて始まり発展したというより、一つの時代精神のように科学的根拠なく巻き起こりました。ひとたび運動にまで高まった自尊感情への崇拝は、渦のように人々の興味を惹きつけました。そうなると、自尊感情と良好な結果には関係がないという否定的な研究結果は公表しにくくなります。誰もが自尊感情は大切だといっているのですから、そのなかで大切ではないと言い張るのはなかなか勇気がいることです。それに、心理学などでは「差がない研究結果は論文になりにくい」とよくいわれますが、同じことが自尊感情の研究にも起こっていたものと思われます。

それでも、かなりの数の論文が、自尊感情と良好な結果には関係がないとか、逆の結果（自尊感情が高いと良好でない結果が出る）が公表されているのですから、実際に論文などで公表に至らなかった結果も合わせると、否定的なデータは肯定的なデータを相当数上回ったことが推測されます。

このように肯定と否定のデータが混在するのには、他にもさまざまな原因が考えられます。

その原因に目星をつけて、自尊感情を救おうというのがこの本のねらいです。そのねらいに入る前に、心理学で科学的に研究を行うときに大切になる三つのポイントを指摘しておきたいと思います。

心理学は、原因と結果（因果）の関係を調べる学問です。そこで、まず第一に（第一のポイント）、その因果関係を調べるには、原因になるものと結果となるものを測る時間をずらす必要があります。原因は、時間的にはかならず結果の前に起こります。第二に（第二のポイント）、原因と結果を調べるとき、因果があると目星をつけた二つの要因を同時に高めるような別の要因を押さえておかなくてはなりません。その別の要因をなくしても、目星をつけた要因の間に原因と結果の関係があるかどうかを調べる必要があります。

私が見たところ、例外はありますが、この二つの条件は、自尊感情の効用を否定する研究の方が厳しく守られているようです。

そして、自尊感情と幸福感との正の関係や、自尊感情と抑うつとの負の関係はかなり安定していることも考えてみる必要があります。それは、物さし、つまり測定で使う質問紙の項目が初めから似ていることが原因になっているのかもしれません（第三のポイント）。自信がない人が「幸せです」と答えますか？　自信のある人が「やる気がありません」と答えますか？　こう見ると、このような関係が出るのは、はじめから関係があるように仕組んでおいて「関係が

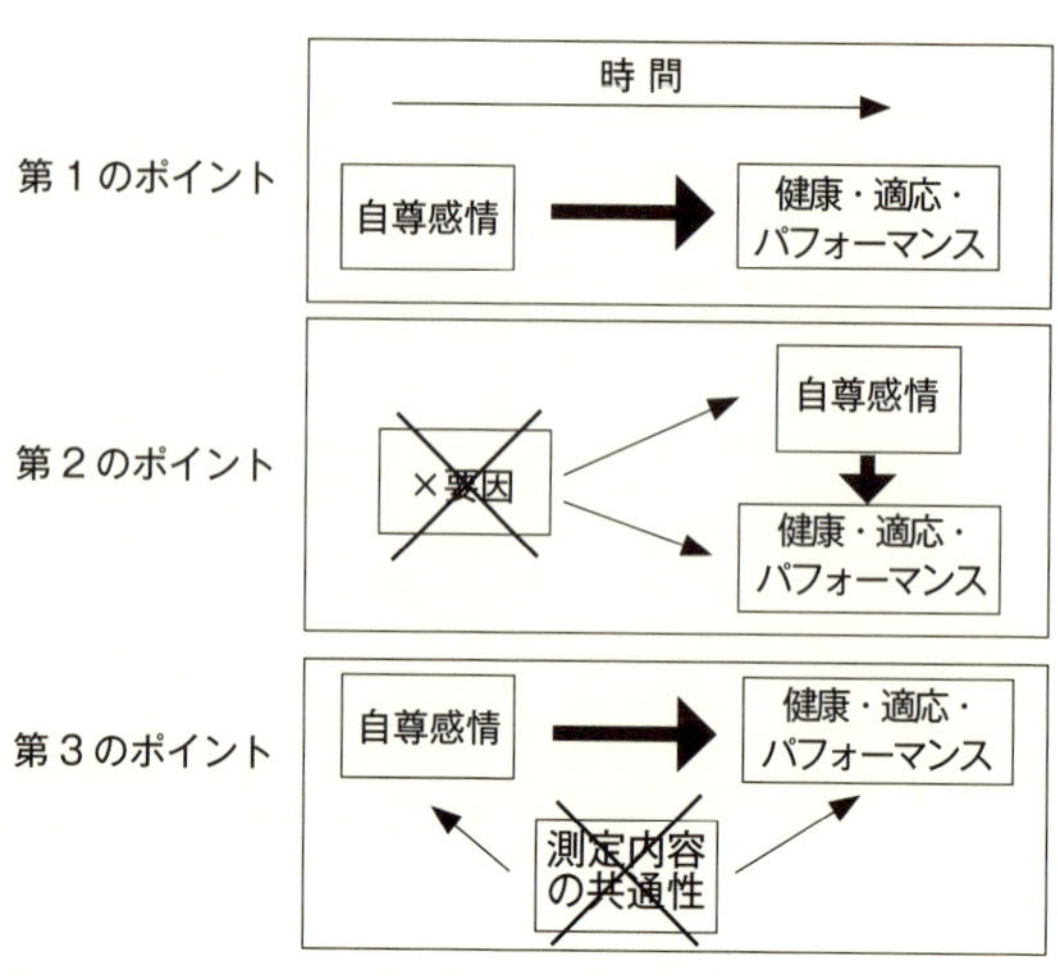

図2-4　原因と結果の関係をみるときの三つのポイント

ある」といっているような詐欺まがいの研究です。このあたりが、自尊感情と良好な結果、とくに幸福感や抑うつの低さと正の関係があるという研究結果につきまとうエラーである可能性が高いと思われます。この三つのポイントを**図2-4**に示しましたので、理解の足しにしてください。

それでも自尊感情が重宝され続けるのはなぜか?

それにもかかわらず、自尊感情は運動を通り越して、社会や文化、もちろん学校にまでその大切さが浸透しています。これまで、子どもが問題を起こすたびに、どれほど多くの人が、自尊感情や自己肯定感が低いことをさも当然のように原因として指摘してきたことでしょうか。

アメリカの心理学者、スレイター博士はニューヨーク・タイムズの雑誌で、自尊感情はあたかも宗教のように、自分たちアメリカ人を規定して縛りつける伝統に組み込まれてしまったといっています[19]。アメリカ人が求めるところは幸福の追求であり、それが自己価値の追求と結びついているともいっています。２０００冊を越える書物が自尊感情の向上について書かれ、学校での自尊感情を育成する教育プログラムは増え続けています。もしアメリカ人が自尊感情を解体し、その価値を疑問視し、今ある自分を疑うのなら、アメリカ人は国民としても個人としても、自分が何なのか分からなくなる脅威にさらされると続けています。

このような風潮の中、自尊感情と良好な結果との関係を否定する研究は、アメリカ人にはとうてい受け入れられないのです。戦後、アメリカに追随してきた日本でも状況は同じです。自尊感情の大切さに疑いをもつことや、その育成に反対することなど誰もできません。

第1章の終わりに、科学とは無縁に進む社会や学校教育のことを紹介しました。そして、私たちはそれでは居心地が悪くて、なんとか自尊感情を科学的に救いたいという話もしました。それに私たちは、自尊感情自体に問題があるのではなくて、そもそも自尊感情のとらえ方に問題があると考えています。

どうやら、同じような考えをもっている科学者が他にもいたようで、自尊感情を科学の舞台で活躍させる方法を真剣に考えた人たちが確かにいました。そろそろ、自尊感情の研究や教育に救いの手を差し伸べるときが来たようです。

自尊感情の救世主としての新しい考え方

ローゼンバーグ博士が自尊感情の概念を説明するときに、「まあ、良い」と「非常に良い」の自尊感情の二つの側面を対比し、前者の「まあ、良い」が推奨すべき自尊感情だと考えたことをこの章の最初で紹介しました。つまり、自尊感情といってもいろいろあって、健康や適応、それに学業に貢献する自尊感情は注意して区別する必要があるという警鐘でした。

博士の区別した二つの自尊感情の違いはいくつかありますが、最も大きな違いは、「非常に良い」の自尊感情は他の人との比較に鋭敏で、「まあ、良い」は鋭敏ではないということになります。他の人など、外的な基準に照らして自尊感情を変動させる要因は「随伴性」と呼ぶことができます。例を挙げると、自尊感情の高低が、他の人よりも成績が良いか悪いかに影響されて決まる場合です。もう一つは、その自尊感情が安定しているかどうか、つまり「安定性」の問題です。随伴性が高いと、比較対象との優劣でころころと変わりますから安定性は当然低くなります。こう考えると、随伴性と安定性は共通した特徴が多いことが分かります。

ローゼンバーグ博士が最初から、このような異質な特徴を同じ自尊感情に考えていたことはすごいことです。次に紹介する自尊感情の新しい考え方も、ローゼンバーグ博士のこの考え方と共通点があります。もっとも、新しい考え方は、混乱した自尊感情の研究から「何かがおかしい。何とかしなくては」との思いから生まれてきたという印象があります。

その新しい考え方の代表格の一つは、アメリカ、ジョージア大学のカーニス博士*によるものです(20)。博士も高い自尊感情を二つに区別しています。安定した（頑健な）高い自尊感情と脆く高い自尊感情です。後者は、外的な要因との比較がよく行われ、その比較の結果で成功かどうかが決まり、そこからの影響を強く受ける不安定な自尊感情です。一方、前者は、外的な要因とは比較せず安定し、博士はこれを「最適な自尊感情」と呼びました。この安定した高い自尊感情、つまり最適な自尊感情こそ、健康や適応を高めると考えました。

同じように自尊感情を二つに分けた研究者たちがいます。アメリカのロチェスター大学のデシ博士とライアン博士たちです。デシ博士は日本でもお馴染みで翻訳本が何冊か出ていますし、日本の学会にも来られ、日本では研究上のファンも多くいます。デシ博士たちは自己決定理論（self-determination theory）という、人の動機づけにかかわる一大理論を発展させてきました(21)。その理論に関連して彼らが提起した自尊感情の概念が、真の自尊感情と随伴的（または随伴性）自尊感情です(22)。

真の自尊感情は、内発的な動機づけ**の満足が伴い、比較的安定し、本人にはその高さへの自覚はありません。一方、随伴的自尊感情は、自分が設定する外的な達成基準に照らしてその高低が決まります。そして、この達成基準はしばしば他者との比較により設定されることになります。真の自尊感情こそが良好な結果をもたらし、随伴的自尊感情は負の結果をもたらすと考えられています。

カーニス博士とデシ博士らが提起した二つの自尊感情の区別は似ています。違いは何かといえば、その自尊感情の土台となる概念にあります。ここではあまり深入りしないことにしますが、カーニス博士はその土台を「本来性（authenticity）」に置いています。本来性とは、自分の日々の活動において、ありのままの自分自身の働きが妨げられていないことに特徴があります。デシ博士らの土台は、博士たちが構築した自己決定理論です。このくわしい説明は、私たちの別の論文を見ていただけると幸いです(23)。

＊ ２００９年に54歳の若さで、がんで亡くなった。自尊感情研究の改革者として期待されていただけに惜しい研究者を亡くした。

＊＊ デシらは、動機づけの対立する概念として内発的動機づけと外発的動機づけを提起している。金銭や名誉など外的な事柄に左右される動機づけを外発的動機づけと呼ぶのに対して、やること自体に興味をもち、好奇心旺盛にがんばる動機づけを内発的動機づけとした。

私たちが発見した新種の自尊感情

カーニス博士とデシ博士らによる自尊感情の新しい概念に類似した概念を、私たちも独立して提起しました[23]。この概念こそが自尊感情の研究や教育を根本的に救うことになるので、少しくわしめに紹介しましょう。

私たちは10年ほど前から、子どもの健康や適応上の問題に予防的に対応する教育の開発を始め、現在多くの学校で実施されています[24、25]。その教育はすべての子どもたちを対象に行うユニバーサル予防教育*で、「いのちと友情の学校予防教育」（Trial Of Prevention School Education for Life and Friendship: TOP SELF）と呼ばれ、英語の頭文字をとってトップ・セルフとも呼ばれています。この教育が最終的に目指す目標は「自律性」の育成です。

自律性は、およその共通の意味があっても、昔から多くの学者が独自に定義して使ってきたので注意が必要です。私たちのいう自律性は、内発的動機づけ、自己信頼心、他者信頼心がそろい踏みした複合性格です。他者信頼心とは、他者を好意的に見て、他者からも好意的に見られているという安定した感覚のもとに他者を信頼する性格です。自己信頼心は、自分に自信があり、有能であるととらえる性格で、同時に不安や攻撃性が低く、他者信頼心を伴う概念です。

自律性といえば、この三つの特徴のどれ一つも欠けることのない概念になります。

そして、この自律性が備わると健康や適応上の多くの問題がクリアされることが分かっています(26)。自律性がもつ共通の意味から見ても、自律性の高まりが健康や適応を促すことは多くの研究が示しています(27、28)。

この自律性を、自己信頼心や有能感の観点を強調して言い換えたのが「自律的自尊感情」になります。そして、この自律という言葉の反対語である他律という語を使って規定したのが「他律的自尊感情」です。他律的自尊感情は、自律性を構成する三つの特徴がいずれも低くなる特徴をもっています。

この自律的自尊感情は自律性の高まりと対応しているので、当然健康や適応には良好な結果をもたらすことになります。

自律的自尊感情は、デシ博士らのいう真の自尊感情と構成要素が類似し、カーニス博士らの最適な自尊感情とも行き着くところは似ている概念になりますが**、どちらとも決定的に違うことがあります。それを次節で紹介しましょう。ただ、他律的自尊感情、随伴的自尊感情、脆く不安定な自尊感情の間にはあまり違いはなく、ほぼ同じ意味だと考えてください。というのは、次節で紹介する決定的な違いがないからです。

とりあえず、私たちの考える自尊感情とカーニス博士ならびにデシ博士らの自尊感情の概念

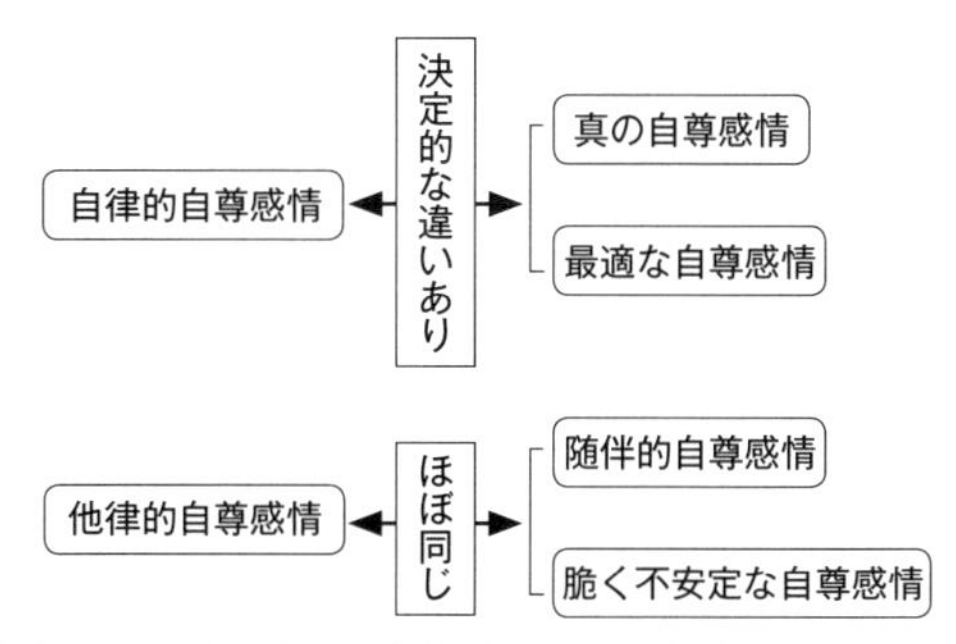

図 2-5　自律的ならびに他律的自尊感情と他の自尊感情との類似性

注：自律的自尊感情と真の自尊感情の類似性は高いが，三つの点で異なる。
①構成要素中，自律性の位置づけ
②構成要素間の結合度合い
③非意識性の特徴（ここが決定的な違い）
詳細は，山崎ら（2017）[23]を参照のこと。

の似ているところと違うところを図２-５に示したのでご覧ください。

＊予防には三つのタイプがある。ユニバーサル予防は、将来的にすべての人が問題（病気や不適応）をもつ可能性があると考えて、すべての人を対象に行う予防。選択的予防は、病気や不適応への危険性が平均より高まっている人たちへの予防。そして指示的予防は、病気や不適応の初期の兆候が見られる人たちへの予防である。これと同様に、1次から3次予防という用語もあるが、若干意味が異なる。

＊＊図２-５の下に示したように、とりわけ自律的自尊感情と真の自尊感情の類似性は高いが、相違も少なくない。その重要な違いは次節で説明するが、他にも自律的自尊感情は自律性を中心とした概念で、三つの構成要素がすべてそろっていることが強調される。デシらも、内発的動機づけを左右する要因として、有能さ、自律性、関係性の三つの概念を基本

的欲求として導入し、これらが真の自尊感情を構成するとしたが、自律性が中心でこれらの構成要素を欠くことができないという特徴はそれほど明確には指摘されていない。つまり、自律性の位置づけと構成要素間の結合の度合いが両者では異なる。

ちょっとやそっとでは分からない「自律的な自尊感情」の大切さ

カーニス博士とデシ博士らの考え方でも、自尊感情の研究や教育を救う可能性があります。しかし、見逃せない大きな欠点があります。彼らも感じていたことではあるのですが、カーニス博士は、脆く高い自尊感情は非意識的な自己の価値とは合致せず、安定した高い自尊感情は合致するといっています。デシ博士らも、真の自尊感情が高い者は、その自尊感情が高いことには頓着せず、また自己を対象として評価しないといっています。つまり、ふだんは意識されることのない特性であることを暗示しています。

この点が実に良いのですが、同時に「惜しい！」と思います。残念なことに彼らは、意識されないということをそれほど重視していませんでした。これに対して、自律的自尊感情の概念は、非意識であるということを中核においています。測る場合、意識を仲介した測り方はほぼできません。このあたりの特徴を**図2-6**に示しますのでご覧ください。つまり、意識を持ち

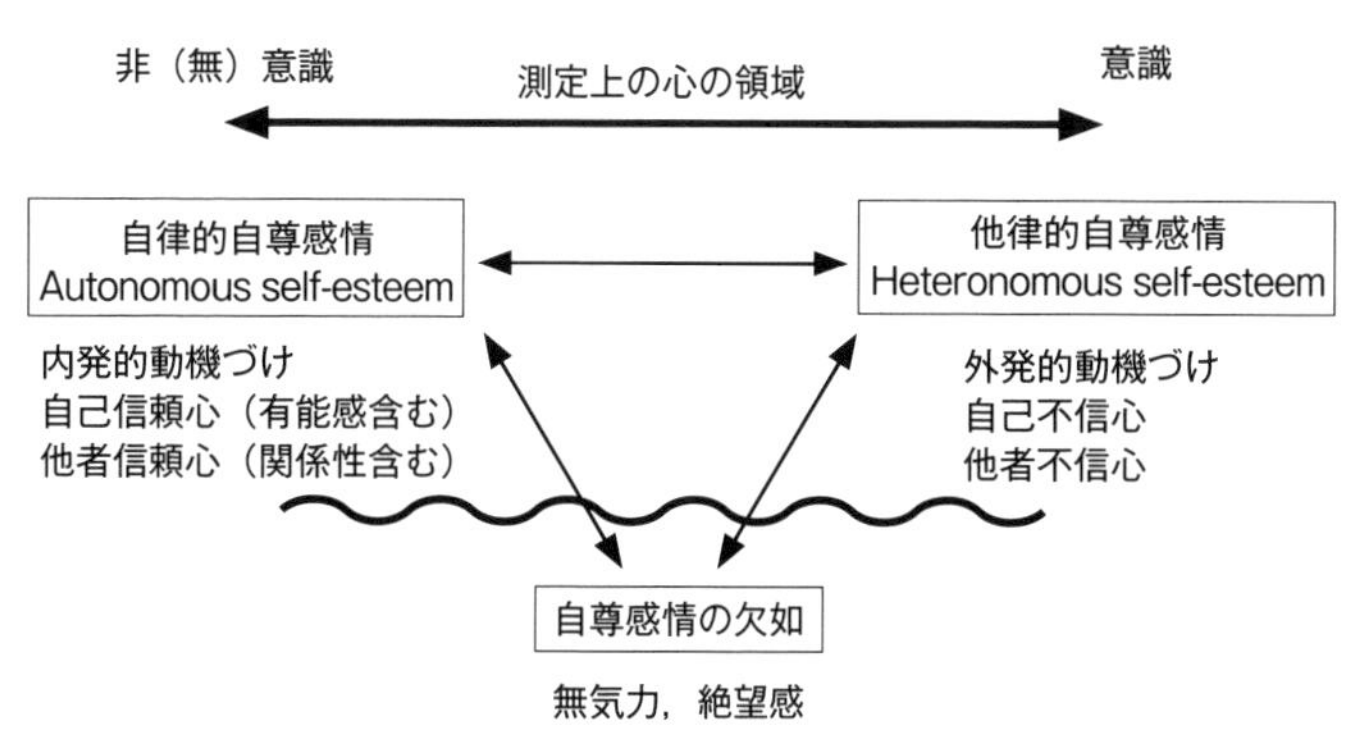

図 2-6　自律的ならびに他律的自尊感情と測定上の心の領域

（山崎ら，2017 [23] より作成）

出せば、自尊感情の概念はたちまち本来の自律的自尊感情ではなくなるのです。

図２-６には、自律的も他律的も自尊感情が両方とも低い場合があることも示しました。無気力や絶望感にとらわれている場合です。この人たちも現実には多くいるので、併せて紹介しておきます。

自尊感情と非意識の関係はかなり大切な内容を含んでいます。とはいえ、非意識といわれても、意識できないことはあまりよく分からないし、それほど大切だとも思えない、というのが一般の意見でしょう。ここはひとまず、「そうですよね。分かりませんよね」と相づちを打っておきましょう。

この一般の意見を覆すには、回り道をしてでも、非意識（前意識*や無意識）と意識の機能に関する近年の脳科学や心理学の研究を参照する必要がどうしてもあります。その参照なくしては、本当の自尊感情の姿には行きつけそうにないのです。驚くべきことに、近年の脳科学や心理学は、思考や行動を含めて私たちの日々の営みの9割ほどは意識とは無縁のところで行われていることを明らかにしつつあります。

次の章では、自尊感情のテーマから一時的に離れてこのことを集中的に説明してみます。

＊　フロイトによる精神分析学では、無意識は、通常そこにある経験を意識上にもってくることはできない領域。それに対して、前意識は努力等により意識上に浮かべることができる経験が収められている領域と考えられている。

第3章

非意識の世界を見よ！

フロイトは偉かった　―精神分析学を超えて―

無意識といえば、精神分析学を打ち立てたオーストリアの精神科医ジークムント・フロイトの名が浮かびます。私たちが精神的な病気になるときは、無意識界に潜む抑圧された性的なエネルギー（リビドー）が原因のおおもとになっていて、無意識でどのようなことが行われているかを知らなければ治療はできないことを説きました。

しかし、フロイトの考えは科学的根拠なく示されたもので、言ってみれば、単なる思惟の産物でした。それを当時の心理学者や精神科医は批判し、「まったくのでっちあげだとしても、よくここまで考えたものだ」と揶揄されることも少なくありませんでした。

ところが近年、脳科学や心理学など実証的な科学が、この無意識の問題に踏み込み始めました。そこで明らかになってきたことの一部は、フロイトの考えに合致することが予期せず証明されました。彼の先見の明には驚かされます。天才というのは、時代を先取りした突拍子もないアイデアを出すものです。最近では、神経－精神分析学という学問が誕生し、国際神経－精神分析学会や専門誌もできました。そこでは、フロイトたちの精神分析学の考えを脳科学の観点から証明したり、修正したりして、精神分析学を科学的根拠をもった学問に塗り替えようとする試みが行われています。

とはいえ、フロイトたちの考えたことは間違いも多く、近年の脳科学や心理学はそれとは一線を画して実証的で科学的な研究を重ねています。そこで分かってきたことは、無意識が私たちをコントロールしている状況は、まさに脅威と呼ばざるを得ないほどすごいものだということです。私たち人間の生活の営みの９割ほどは無意識によって司られていると主張する研究者たちもいるほどです(1)。

前の章の最後にお話したように、自律的自尊感情という本物の自尊感情について理解するためには、どうしてもこの無意識の役割と力を知る必要があります。この章で、十分に説明します。

ドルフィンか、裸の男女か　―外界はありのまま感じられない―

私たち人類の感覚系で最も精巧な感覚は視覚です。あまりにも視覚に頼りすぎるので、日本では４割強の人が近視という不健康きわまりない状況が確認されます。

これだけ視覚に頼っているのですから、「私たちの見る力は、さぞ正確だろう」、つまり「私たちはきっと、外界を正確にとらえる見方をしているのだろう」と考えます。ところが、外界

図 3-1　二つの机の天板は，同じ形？　同じ大きさ？

（Banaji & Greenwald, 2013 [2] より作成）

をそのまま見ているのではなく、私たちが生きやすいように外界の刺激をわざと歪めたり、強弱をつけたりしています。そしてそのような歪みは、すべて意識されずに起こります。このような現象は無数にあるのですが、少し例を見てみましょう。

図3-1を見てください。左右の二つの机の天板はどのように見えますか？　もちろん、サイズも形も違ったものに見えるでしょう。ところが、この二つの天板はまったく同じサイズで、同じ形なのです。信じられませんか？　嘘だとお思いでしたら一度物さしで測ってみてください。同じであることが分かってもらえるでしょう。

このように、書物の紙面という2次元上の刺激を出されても、このような机などは自動的に（無意識に）日常生活で見るように3次元上にある机として見られます。その結果、見え方が異なった天板となるのです。正確に二つの刺激を比べるという点では問題がある視覚ですが、普段の生

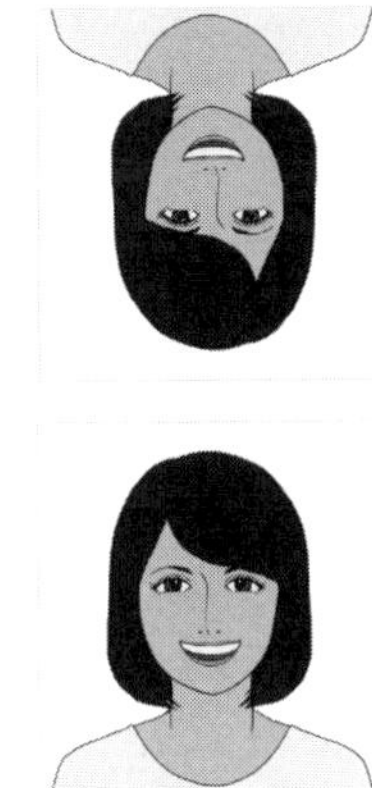

図 3-2　正立像の顔と逆転像の顔

（Mlodinow, 2012 [(3)] より改変）

活ではより適応的な見方になり、このような視覚の修正は無意識に行われているのです。

もう一つお見せします。**図3-2**をご覧ください。下は正立の絵、上は下の絵とまったく同じ絵を上下逆さまにしたものです。左側の上下の絵に注目してください。本来の顔から目と口を180度回転させています。この上下2枚はまったく同じ絵なのですが、どうも下の絵の方が上の絵よりもおかしく見えます。

下の絵は、日常私たちが人の顔を見るときの正立像です。上の逆になった顔はめったに見ません。このように、私たちが通常の正立像の顔を見るときは、とくに詳細な見方をしていることが分かります。あまり見かけない上下逆の顔は適当に見ているようです。つまり、普段よく見る顔を無意識に精度高く見るようになっているのです。馴染み

図 3-3　隠し絵の例（何に見えますか？）

（下條，1996 [4] より作成）

注：この絵は頻繁に引用される有名な隠し絵である。オリジナルの出典先が不明で，下條の書籍でも，問題なく引用なしで掲載されていたことを付記しておく。

の顔か、どこか調子が悪そうか、怒っていそうか——正立像には特別の見え方を無意識がさせているわけで、いちいち意識がそうさせているのではありません。

もう一つ紹介しましょう。**図3-3**を見てください。さて、この絵を見て何が見えますか。多くの男性は、にやにやと笑っているのではないでしょうか。そうです。男女が裸でからんでいるのが見えることでしょう。ところが、10歳ぐらいまでの子どもに見せると「イルカ」と答えが返ってきます。「裸の男女」と答える子どもはほとんどいません。大人の女性なら結構イルカが見えます。これは、私がちが見たがっているものが見えてしまうという現象です。まったく同じ視覚刺激なのに、どのように見えるかが無意識によって決定されるのです。恐るべし、無意識の力です。

このようなことは他の感覚系にも現れます。少し観点を変えて簡単に紹介してみます。聴覚系では、ワインの売れ行きと音楽の実験が有名です[5]。フランス音楽を流しているとフランスワインがよく売れ、ドイツ音楽が流されるとドイツワインがよく売れました。そして、購入者に後で聞いてみると、購入に際して音楽の影響はなかったと答える人がほとんどでした。

嗅覚系でも面白いことが起こります。４組のストッキングを主婦に評価してもらった実験です[6]。どのストッキングも同じものでしたが、それぞれ違う微かな匂いがつけられていました。４組のうち最も良いストッキングを選んでもらい、その理由を説明してもらったところ、生地、織り方、感触、光沢などの違いを挙げ、匂いを理由に挙げた人はいませんでした。匂いがついていることに気づいた人もほんのわずかでした。ちなみに、最も評価の高かったストッキングの匂いはスイセンの匂いだったということです。

私たちの感覚は正確に外界をとらえるというよりも、無意識の力で修飾されています。その修飾は、「なるほど」と納得できるものから、「なぜ、そうなるの？」と疑問に思うことまでさまざまです。私たちは外界と相互に作用しながら生きています。あのヘレンケラーは視覚と聴覚を失いながらも残された感覚系でみごとに外界との相互作用を実現し、あれほど立派な生涯を過ごしたのです。その大切な外界の把握が無意識によって操作されているということです。

貧しいと太った人が好きになる　―男女の色恋の決め手は予想外―

無意識に操作される感覚系の話から、次は男女の愛の問題に入りましょう。男女は互いに惹かれ、やがて結婚、そして出産という、子孫を残す本能に突き動かされることになります。その出会いのときぐらい、自分の意志でしっかり伴侶を選びたいものですが、無意識はここでも力を振るいます。

このことで有名な研究は、吊り橋効果を発見したカナダでのフィールド実験です[7]。カナダのバンクーバーを流れるキャラピノ川の峡谷にかかる吊り橋で行われたものです。高さ約70メートル、下は岩と急流。おまけに、吊り橋は揺れ動き、今にも落ちそうです。この吊り橋の中ほどに女性実験者が立ち、やってくる男性観光客を引き留め、実験に協力してもらいました。そこでは、峡谷のすばらしい景色が創作に及ぼす影響を調べると偽り、1枚の図版を見て物語りを作ってもらいました。実験が終わると実験者の連絡先を知らせます。その結果、高さ3メートルのしっかりした固定橋で実験を受けた人と比べて、創作内容に性的な内容が多く含まれ、加えて、実験後に女性実験者に連絡をとってきた人が多かったというのです。

実に興味深い結果です。ほとんどの人は高いところが怖く、おまけに不安定な吊り橋とくれば、心臓はドキドキ、手に汗握る状況です。その生理的な興奮が女性を見たときに同時に起こると、その興奮を女性の魅力度と無意識に結びつけてしまうようです。その結果、恋愛感情が起こるという、高尚な人間の愛のイメージが壊れる現象です。

次に無意識に利用される身体的な変化から、認知や思考レベルに関連する領域に入っていきます。アメリカでの研究ですが、同じ名前の者は結婚しやすいという現象が見つかりました[8]。アメリカの三つの州（ジョージア、テネシー、アラバマ）の結婚記録を分析したところ、**表３－１**に示したような驚くべき結果が出ました。花嫁と花婿の名字が同じ者同士の結婚数が、異なる名字の結婚数よりも際立って多かったのです。この中ではスミスさんが一番多いのですが、その半分ほどのブラウンさんでも、最も多いスミスさんではなく同じ名前を伴侶にしていることが多いことは確かに驚きです。このことは、ファーストネームにもあてはまり、似通ったファーストネーム（男性 Robert と女性 Roberta など）同士の結婚数が多くなりました。

この現象は意識的に生まれたものではないことは確かです。つまり、同じ名前だから結婚しよう、結婚したいということではなく、気づかずに（無意識的に）そうなったということになります。無意識はなぜ、同じ名前を選ばせるのかはっきりしません。ところが、これに関連したデータは心理学では他にもあります。態度（サービスに対するチップや子どものしつけの是非についての態度など）が類似しているほど、相手に魅力を感じるという研究データです[9]（**図３－４**）。

表 3-1　結婚時の名字の一致度

（Jones et al., 2004 [8] より作成）

	花婿の名字					
花嫁の名字	スミス	ジョンソン	ウィリアム	ジョーンズ	ブラウン	合計
スミス	198	55	43	62	44	402
ジョンソン	55	91	49	49	31	275
ウィリアム	64	54	99	63	43	323
ジョーンズ	48	40	57	125	25	295
ブラウン	55	24	29	29	82	219
合計	420	264	277	328	225	1,514

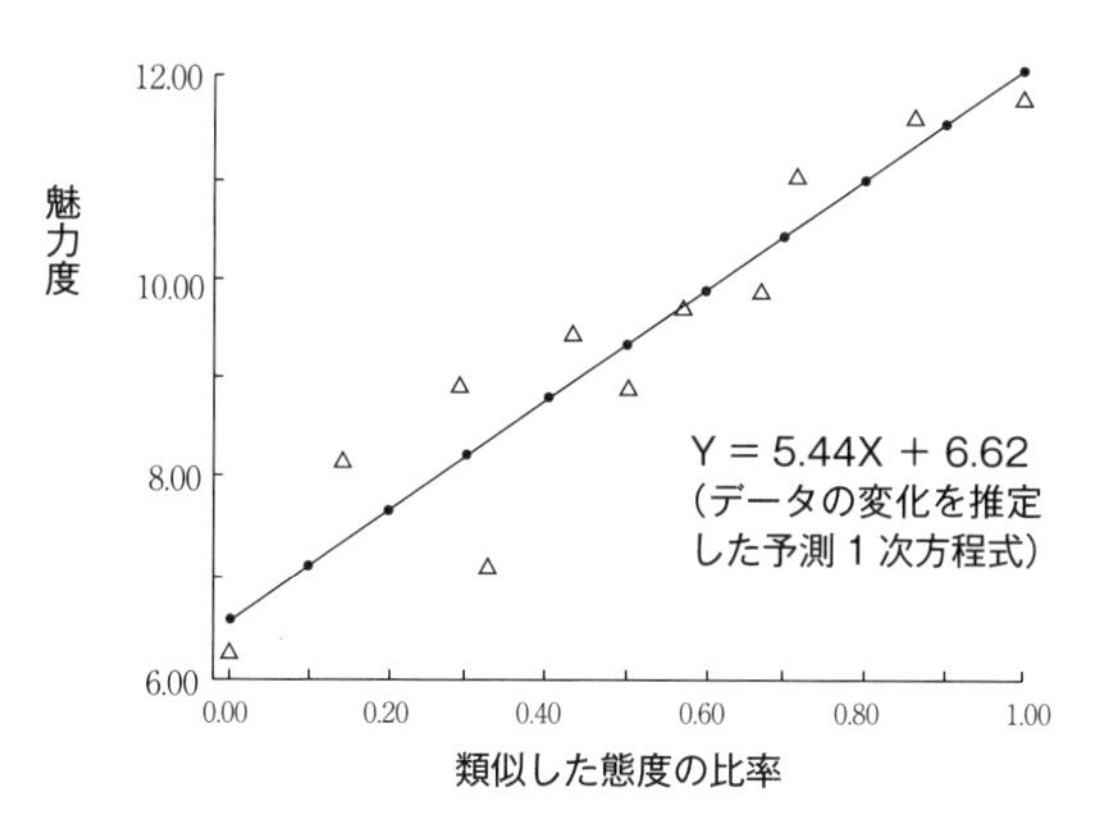

図 3-4　態度の類似性と相手に感じる魅力度

(Byrne & Nelson, 1965 [9] より作成)

この現象には、自分とよく似ている者は自分のことを肯定してくれることが多いので強化を受けやすいからだ、という理由などいろいろと原因が考えられています。名前が同じことから、肯定される可能性の高さを無意識に予想してしまうのかもしれません。

この節の最後は、男女の愛への無意識からの影響力を、一見異性愛とはかけ離れた本能面からお話しします。紹介する実験は奇抜な視点で行われた一連の実験です[10]。アメリカの男女大学生に、今お金を携帯しているかどうかを尋ねて、さらに異性への理想の体重を尋ねました。すると、男性に限った結果なのですが、お金を携帯していない男性ほど理想の体重を重く答えたのです。この結果は、貯蓄金額の多少から検討した場合も同じように確認されました。

この原因を飢えに関係があると考え、続けて実験が行われました。大学の食堂に入るとき（空腹時）と出てきたとき（満腹時）で、同じように異性の理想体重を尋ねました。すると、同じく男性に限ったことですが、空腹時の方が理想体重は重かったのです。お金が不足しているときは食べ物がないときと同じ状況で、食物を求める基本的欲求が引き起こされ、カロリーや脂肪が豊富な太った女性に憧れるのでしょう。結婚相手について、体型に関心が高い男性と、それほど関心が高くない女性[11]ならではの結果です。一般に、豊かな国ではやせた女性が好まれ、貧しい国では肥えぎみの女性が好まれるという現象[12]とも合致し、興味深い研究結果です。

この一連の研究は、生理的な満足状況が無意識に異性への身体的好みに影響を及ぼしていることを示しています。この身体状況が男女の結びつきに影響を及ぼしている事実は、子どもを産むという生物としての重要な営みに深くかかわり、そのあたりのかなり直接的な研究データを次節で見ていただきたいと思います。無意識からの脅威のコントロールを、さらに身近に感じてもらえることでしょう。

ストリッパーは排卵期に稼ぐ　―生殖本能は自動化する―

前節では、男女の恋愛感情が無意識によってコントロールされていることを紹介しました。

男女の恋愛は、生物として生殖活動に至る入り口になります。そこで、直接的な目的である生殖活動に関係した行動を見てみると無意識の凄さがさらによく分かります。

男子大学生を対象にして行われた実験の一部ですが(13)、１人の女性（21歳）の生理周期の位置によって、男性が危険を冒す行動が変化するかどうかという興味深い実験です。ここでは個別に、コンピュータを相手にカードゲームのブラックジャック*が行われ、女性が男性の横につきます。実験で注目したい行動は、手元の２枚の合計が16（そうなるように操作された）の場合、21を越える危険を冒しても21に近づけようとヒットするかどうかです。その結果が**図３-５**に示されています。見事に、妊娠しやすい日と危険を冒す確率の高さが合致している様子が見てとれます。

男性は女性の生理周期のことは知りません。そのときの体臭等の変化にも気づいていません。ところが無意識は気づいているということです。女性は、危険を冒しても成功しようとする野心あふれる男性に憧れることから(14)、妊娠できる可能性が高いときに無意識に危険を冒し女性を惹きつけ、自分の子孫を得る確率を高めようとする見事なまでの無意識の力を見ることができ、驚きです。

この実験結果は、妊娠する可能性が高いときに女性も男性も無意識に相手を惹きつけることを示しています。妊娠しやすい時期に男性を惹きつける女性の変化は表情にも表れ、男女によ

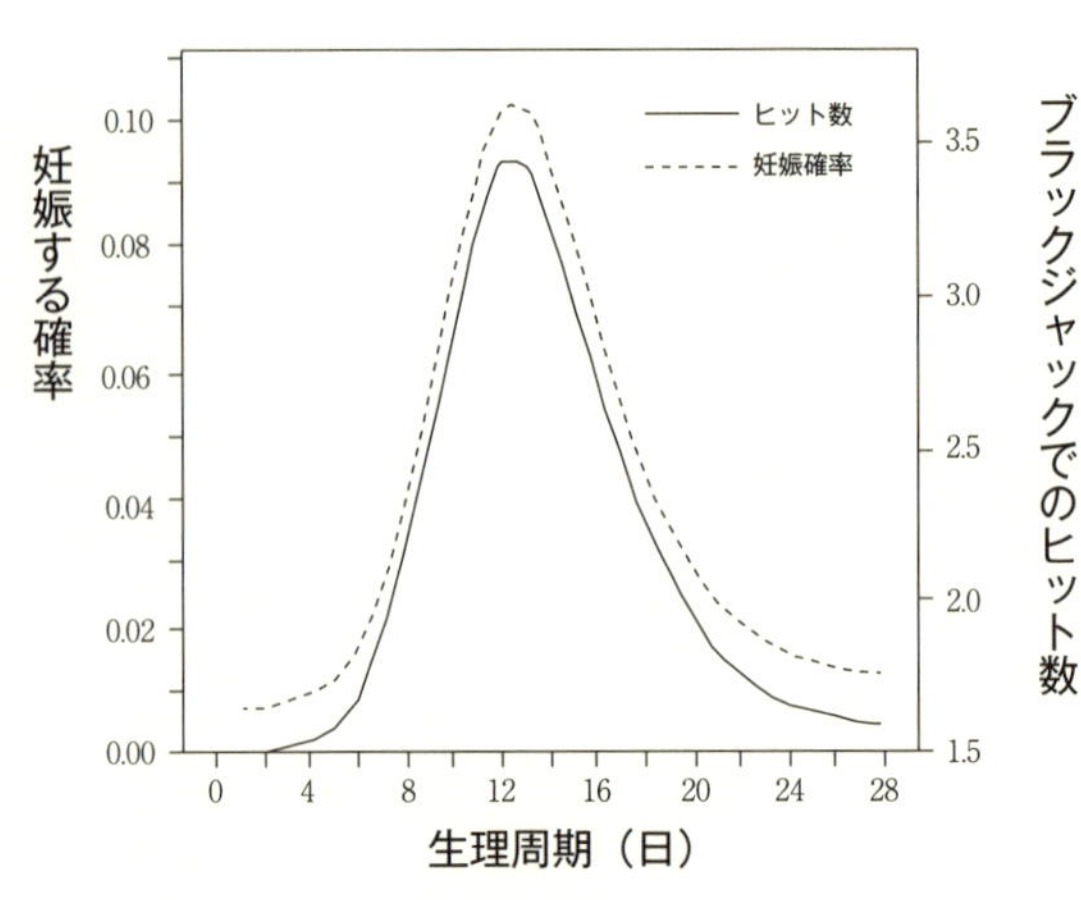

図 3-5　女性の生理周期と男性の危険を冒す確率

（Miller & Maner, 2011 [13] より作成）

る評定ではどちらも、妊娠しやすい時期にある女性の顔写真をそうでない時期の写真よりも魅力的だと評価しています[15]。この写真の耳や髪の毛をぼかした場合にも、同じような結果が出たといいますから、まさに表情が魅力度の変化を作っていると思われます。

今紹介したのはどれも実験的に条件が操作された上での研究でしたが、この手の研究を実生活の自然な状況で行った研究もあります。ストリップクラブのラップダンサーが稼ぐ、チップと月経周期の研究です[16]。アメリカのニューメキシコ大学の研究者たちの研究ですが、広告などで18人のダンサーを集めました。一般に、月経周期28日のうち、最初の8日目までが月経期、次に15日までが妊娠の確率が高い時期、そして残りが黄体期になります。

この妊娠の確率が高いとき、ダンサーは平均で一晩に３５４ドル稼ぎ、月経期はそれよりマイナス約１７０ドル、黄体期はマイナス約90ドルになりました（**図３-６**）。妊娠しやすい時期に、おそらく、体臭や肌つや、体型の微妙な変化を無意識に感じとった男性がチップをはずんだものと想像されます。これが、ラップダンサーが避妊薬を飲むと一晩あたり平均１９３ドルになり、飲まない場合の２７６ドルから大きく下がります。妊娠可能性がほぼない女性にはチップをはずまないという、動物のオスとしての男性の姿が浮かび上がります。

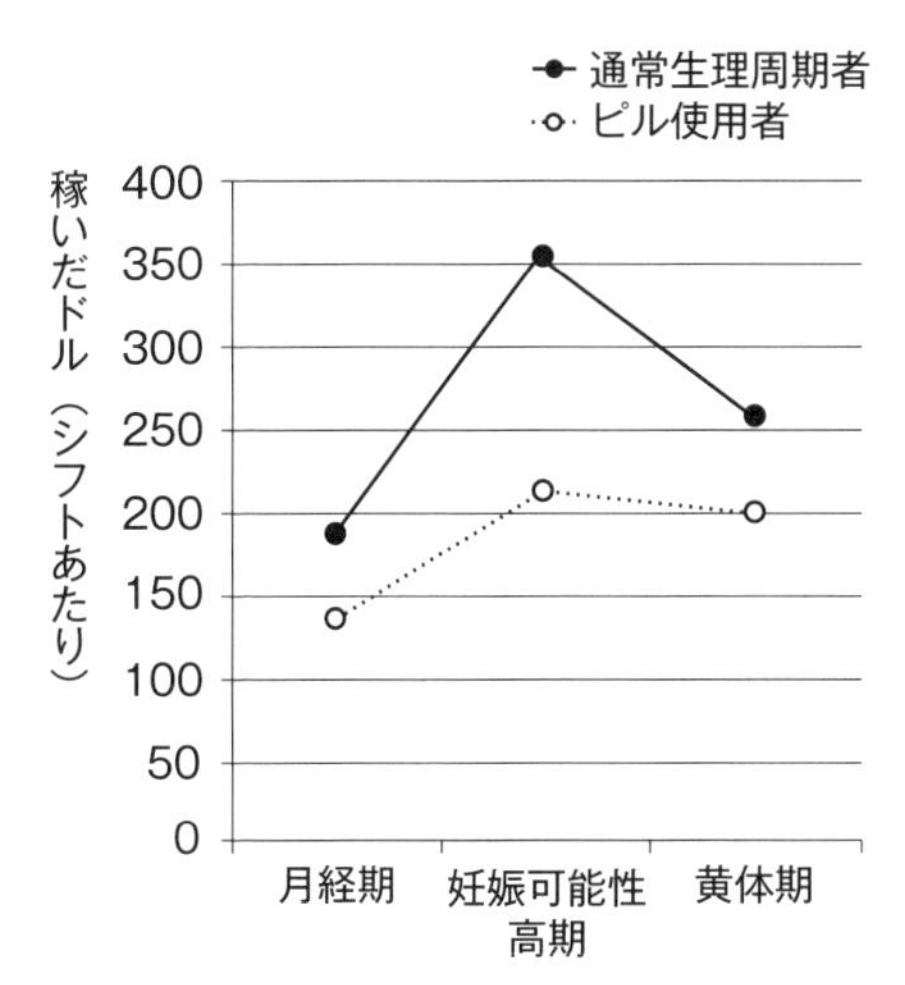

図 3-6　生理周期とラップダンサーが得るチップの関係

（Miller et al., 2007 (16) より作成）

この関連で実に興味深い話が、すでに引用したアリゾナ州立大学のケンリック博士の書籍(14)に紹介されています。それは「ケネディ家の呪い」のことです。ジョン・F・ケネディやロバート・ケネディが暗殺されたのを始め、ケネディ家の多くが自動車事故や飛行機事故などで非業の死を遂げているのはご存じでしょう。ケネディ家では、株の売買や飛行機操縦など普段の行動で向こう見ずさが際立っていた者が多数いたといいます。

そして、性に関する領域でもこのことが当てはまりました。つまり、危険を承知で無謀な行動に出ることが多かったらしいのです。ジョン・F・ケネディは大統領の頃、美しい女性をこっそりホワイトハウスに連れ込み、関係をもったということです。そしてそのことを、対立する共和党員に暴露されています。このホワイトハウスでの情事は、他にも多数あったという噂です。女性が、リスクを冒して成功するような野心あふれる男性に魅力を感じることは先に紹介しましたが、ケネディ家の面々は意識せずそのことを行動に移していたのでしょう。女性を惹きつけ、子孫を残す争いに勝つために。悲しくも、興味深い話です。

＊トランプカードの合計数字が21に近ければ勝ちというゲーム。最初に配られた2枚のカードを見て、さらにカードをもらうか（ヒット）、もらわないか（スタンド）の選択をする。21を越えると負け。

なぜ賭け事で身を滅ぼすのか？ ―分かっていても止められない―

さて、普段あまり気にはしていないことでしたが、無意識のコントロール力の凄さがよく分かっていただけたと思います。無意識的であるからこそ、私たちがその力に気づくことはなかったのも当然ですが、こうして紙面で紹介し、きっちり頭で理解しておいていただければと思います。

無意識の凄さを話していると、おそらく読者のみなさんは、意識のことが気になってきたと思います。「それなら、意識は何をやっているんだ？」という疑問が沸いてきたことでしょう。何をやっているかは、もう少し後でお話ししますが、少し無意識と意識の関係のことも加味して話を進めるタイミングに来たようです。

そこで登場するのが脳科学者のダマシオ博士たちです。ダマシオ博士といえば、無意識や意識に関する書籍を何冊も著し、その多くが翻訳出版され、日本でも有名です。なかでも、ソマティック・マーカー仮説（somatic marker hypothesis）が有名ですが、その仮説の証明の一つとなった実験を紹介します。

実験では、ダマシオたちが当時所属していたアイオワ大学の名前をとったアイオワ・ギャンブル課題が使われました[17,18]。この課題は、カードを引いてお金を得たり、失ったりするゲームです。このカードデッキを四つ用意します。最初のカードデッキＡとＢは、長く引き続けると損をしてしまうデッキ。１００ドル得られるカードを10枚引いて１０００ドル儲ける間、５枚の損をするカードを引いてしまい、合計１２５０ドル損をするというようなデッキです。残りのデッキＣとＤは、50ドル得られるカードを10枚引いて５００ドル儲ける間、合計２５０

ドル損をするカードを何枚か引いてしまうというデッキです。つまり、長く引き続けると得をするデッキです。

この課題をしているとき、参加者は皮膚電気反応が測定されました。第1章でも出てきた警察で被疑者に使う嘘発見装置と同じで、「はっ！」としたとき皮膚の抵抗が下がり電流がよく流れるという仕組みを利用して測定できる反応です。ダマシオ博士たちは、これを情動の一つとしました。彼らによると、情動は通常起こったときは意識されない身体の反応です。心理学で用いる言葉の意味とは違うので注意してください。この情動がまとまって強く起こると意識に上ることになり、意識に上った情動が特定の感情用語（怒った、悲しい、うれしいなど）で指示できるようになったものが感情ということになります。

この課題を健康な人が行うと最初は一攫千金を夢見てか、損をするデッキからカードをよく引きます。しかし、次第に損をするということが分かってきて、終盤では得をするデッキから引くことが多くなります。ここで面白いのは、何度かトライをしたが、まだAとBは損をする、CとDが得をするということが分かる前に、AやBから引こうすると皮膚電気反応が出て、そのためそこから引くのを止めるという現象が見られたことです。皮膚電気反応は無意識に起こる情動反応ですから、起こったかどうかは気づきません。まるで虫の知らせのように参加者に警告します。その後、意識上でAとBは損、CとDこそが得をするということが分かるのです。

今度は、同じ課題を脳に損傷がある患者さんに行ってもらいました。前頭葉眼窩部（腹内側前頭前皮質）という、眼球を包むくぼみの上あたりの部位に損傷を受けている患者さんです。この部位は情動や感情の発現や処理に深くかかわり、行動の結果の良し悪しを評価し（情動の役割が重要）、その評価に基づいて行動を決定する部位といわれています。

この患者さんの場合、最後まで損をするカードデッキからカードを引くことが多くなります。かといって、ＡとＢが損をするデッキだということが分かっていないかというと、そうではなく気づいています。それにもかかわらず、損をするデッキから引き続けるのです。

この実験は、私たちがどれほど頭で正しいことが分かっていてもそれを行動に移せないことを示しています。正しい知識が本当に正しく使われるためには、情動や感情と一体となって学ばなければならないということです。おそらく、正しい知識が行動に移されるときは、情動や感情の記憶が先に呼び起こされ、それに引きずられるように行動が出るのでしょう。

これは、情動という身体の反応がマーカーのようになって私たちの考えや行動を導くという、ダマシオ博士たちのソマティック・マーカー仮説に合致した現象です。

こう考えると、高度な頭で意識して分かっていることの役割は、無意識の情動の働きがあってこそだということになります。意識の心もとない状況が見てとれるわけですが、もっと直接的に意識と無意識の役割を調べた研究を次に見ていきましょう。

人間には「自由意志」はない ―人間のあり方が根底から崩れる―

そこで登場するのが、カリフォルニア大学の生理学者であったリベット博士です。数年前に博士の書籍[19]を読んだときの興奮を今も忘れることはできません。これほどまでに意識の役割を制限し、人間の自由意志の存在にまで疑問を呈した研究は、常識を大きく覆すインパクトがありました。

さっそく博士の有名な実験を見てみましょう[19]。実験事態が分かりやすいようにイメージイラストを**図3-7**に示しました[20]。大学生が実験室の椅子に座り、目の前に時計盤（2.56秒で光点が一周する。図では針で示している）があり、好きなときに手首を曲げ、曲げようと思ったときの光点の位置を報告してもらいました。

実験中は脳波と筋活動を測定し、手首を曲げる運動の準備電位（このときに、曲げることが脳で開始）と腕の筋電位（実際の腕の動き）を確認しました。その結果、驚くべきことが分かりました。なんと、曲げようと思った（その意志が働いた）時点よりも約４００ミリ秒（０・４秒）前にはすでに脳で準備電位が発生していたのです（**図3-8**）。

この結果の意味することは、何かをしようと意識的な意志によって開始される前に、その行

図 3-7　リベットらの実験の様子（実際のものではなく，理解のためのイメージ図）

（Obhi & Haggard, 2004 [20] より改変）

動を引き起こす無意識的な脳の活動が始まっていた、ということです。こうして、博士らの研究は、人の自由意志の存在を根本的に問い直す、一大論争を引き起こしました。もちろん、博士らの実験結果が再現されることは確認済みです。

私たちの行動や判断は、自分の意志によるものだと考えたいのですが、この実験結果は、そのような人間の思い上がりを打ち砕くものだと考えられそうです。

ところで、「ゾンビ人間は可能か？」という哲学上の有名な問いをご存じでしょうか？オーストラリア大学の哲学者チャーマー博士の思考上の実験です。「あなたに容姿が瓜二つの人がいます。それに、あなたのように振る舞い、あなたのように考え、あなたのように話します。しかし、まったく意識をもちません。つまり、

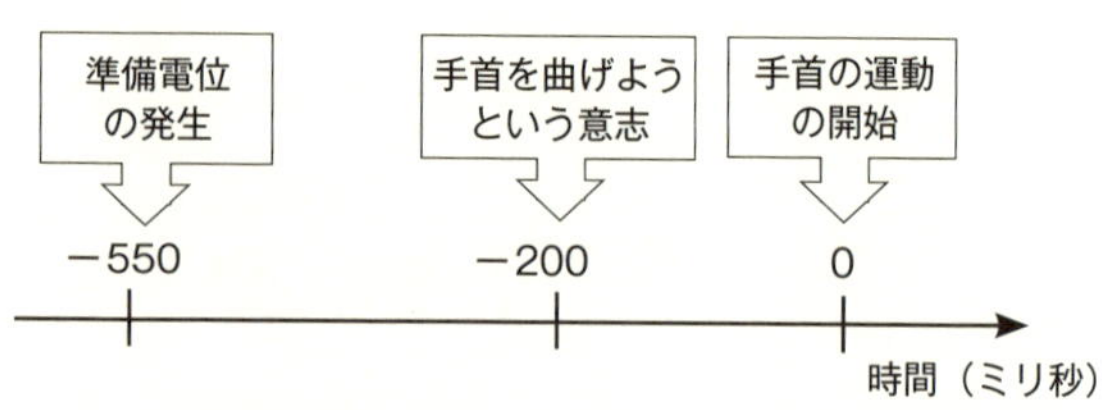

図 3-8　リベットらの実験の結果

（Libet, 2004 [19] より著者作成）
注：時間は実験により変動があり，およその値である。100 ミリ秒は 0.1 秒。

もう1人のあなたであるこの人は意識的な経験をもたずに、考えや行いはすべて、気づきを伴わずにやっているのです」――このようなあなたは可能か？　という問いです。

さて、どうでしょうか。多くの人が不可能だと即答されるでしょうか。そんなに簡単に答えを出さないでください。専門家でも意見が分かれるほどの難問なのです。この問いに頭を悩ませていると、意識は何か役に立っているのか？　何のためにあるのか？　知りたくなってきたことでしょう。そのことを次節でお話しします。

いったい、意識はなんのため？

意識の役割についてお話ししますと簡単にいいましたが、できるのでしょうか。不安になってきました。超常現象などに関心をもつ、イギリスの著作家ブラックモア女史が意識について興味深い書籍を出しています[21]。その書籍は、当時現役の意識にかかわる研究者20人に、意識について同じ質問をしたインタビュー内容を対話の形式で記載したものです。

女史が書籍の序文の最後で、本音ともとれる文章を載せています。

「わたしはこのすばらしい対談から非常にたくさんのことを学びました。参加してくださった一人ひとりに心から感謝します。でもいまわたしは意識について理解しているといえるでしょうか？　たしかに意識についてのさまざまな理論は前よりかなり理解できましたが、意識そのものについては――そんなものがあるとしても――残念ながらちっとも理解できていないようです」（山形・守岡訳、23ページ）。

第一線で活躍するあれだけ多くの研究者と対談して、ブラックモア女史がそういっているわけです。意識については今は何も分かっていないと、結論した方がよいのでしょうか。いや、女史の対談からは10年以上がたっています。インタビューに漏れた研究者も少なからずいました。そこで、あまり細部には入らないようにして、大まかな意識の役割への現在の考え方を説明しておきます。

最近私は、意識化が可能な領域にある過去の活動に意識を向けることにより、また、ほぼリアルタイムでその時々の活動を内観することにより、そのときの活動に注目し、分析し、改善案を出し、あるいは今後の活動のプランに利用するなど、脳の高次な部分で理解と分析と方向づけを行うことができると考えました[22]。こうした機能は生存にとって適応的であるため、意識は進化の過程で残り、発展してきたものと思われます。

その後少しして、遅ればせながら、社会心理学領域を中心に行動の決定因として非意識の大切さの研究を先導するイエール大学のバージ博士編著の書籍を読みました[23]。デイクステルハウス博士らによるその第2章[24]を読んだとき、少し恥ずかしくなりました。意識的決定から生じる行動などないと最初に言明していた彼らが最後の方で、私が考えていたのと同じような意識の役割を推測していました。この書籍の方が先の出版ですから、私が恥じ入ったわけも分かっていただけるでしょう。

私たちにしてもデイクステルハウス博士らにしても、意識の役割の推測は単なる仮説止まりです。しかし最近は、脳科学の領域で意識の役割を実証的に研究し、その結果から大きな仮説を打ち立てている研究も少なくありません。その代表格を二つほど簡単に紹介し、今後の意識の役割の究明へ一緒に期待感を抱きたいと思います。

その最初が、フランスの特別高等教育機関のドゥアンヌ博士によるグローバル・ニューロナル・ワークスペース仮説（global neuronal workspace hypothesis）です[25]。ドゥアンヌ博士はこの仮説を、次のように簡単に説明しています。意識は脳全体の情報共有であると考えます。人の脳は、適切な情報を選択して脳全体に伝播するために、効率的な長距離神経ネットワークを発達させました。これは、前頭前皮質において顕著です。意識により、特定の情報に注意を向け、この一斉伝達システムの中でそれを活性化したまま保つことが可能になります。ひとたび意識されれば、情報は現在の目標に沿って柔軟に他の領域に送られます。こうして、その情報を名づけ、評価し、記憶し、将来の計画のために利用できるようになる、としています。

博士は、神経回路網のコンピューター・シミュレーションや実験による脳活動記録により、この仮説を実証しています[25]。博士らの巧妙な研究では、ある刺激を非意識下で提示した場合と、意識上で提示した場合を比較しています。非意識下での提示時にも非意識的ですが、その刺激を認識していることは脳の活動を見れば分かります。それが意識上にもってこられると、がぜん活動する脳部位が増えるのです。ここから、意識上にきたときは脳のさまざまな部位が活性化され、多方面からその刺激を分析しようとしていることが分かります。

他に勢いのある考え方は、アメリカのウィスコンシン大学の精神科医で神経科学者でもあるトノーニ博士らによる情報統合理論です[26]。博士らは情報を統合する能力があれば、意識があると考えます。脳には無数の情報が入力あるいは保持され、その無数の情報とその可能性を排除して、特定の情報群の統合が起こることが意識だと考えます。その場合の情報とは、外的な情報そのものではなく、個人が主観的にとらえた情報です。

そして、意識の数値化を試み、意識の単位、つまり情報統合の単位としてφ（ファイ）を導入しました。

現在のところ実際にφを計算することは困難ですが、数値化のあり方を示し、単純なモデル上では当然算出が可能になります。

さらにトノーニ博士らは、実証的な実験も進めていて、経頭蓋磁気刺激法（TMS）を使って脳に直接磁気で刺激を与え、そのときの脳波の変化で意識があるかどうかを推定することを始め、成果を出し始めています。一切のコミュニケーション手段が断たれた昏睡状態や植物状態の人の意識の有無を推定することは、治療上大きな意味をもちます。実際には正確にその状態を推定する方法はなかったのですが、このTMSを使って意識がないと考えられていた人にも意識がある可能性を明らかにし、画期的な方法となっています。

このように、意識は無用のものではないことが分かり始めています。とはいえ、私たちの営みのほとんどは非意識的に実行されているという事実は動かしがたく、意識はその実行がうまくいくように手を添えているという感じでしょう。それに、意識は私たちを騙すことにもなります。

この事実を知らないと、意識上の思考や認知だけが自分が頼れるものになるので、研究上も教育上も、たいへんな過ちを起こす可能性が満ちてきます。現在の脳科学や心理学は、非意識と意識の役割を逆転させ、非意識の大幅な役割を強調しています。この最新の発見の中で、自律的自尊感情はほぼ非意識でしか測れないということを声高に主張することができるようになったのです。

ふたたび、自律的自尊感情へ　—非意識の研究の申し子—

第2章の終わりで、自律的自尊感情こそが健康や適応を導く自尊感情であることを紹介しました。そしてそれは、ほぼ非意識でしか測れないことを示唆しました。この章で、非意識の大きな力と意識の限定された役割について十分に紹介することができました。そこで、自律的自尊感情が非意識でしか測れないことについてくわしく説明します。

いずれの自尊感情も、普段は非意識において私たちをコントロールしています。自尊感情に限らず、すべての性格はそうです。つまり、普段は意識上にもってくる必要などない存在です。さらにいうと、性格の内容を意識にあげる必要などまずないでしょう。それが、自己報告式の質問紙などで質問をされ、回答するように求められると、なんとかその内容を意識上にもってきて回答しようとする、非日常的な状況が生まれます。

例えば、性格の一つとして外向性を考えてみましょう。これは、他の人との交わりを好む性格といえます。外向性の質問紙で出てくる一つの項目「あなたは話し好きですか？」を例にとると、このような明確な行動については、比較的はっきりとその経験が記憶にも残り、自分が好きなのかどうかは容易に答えられます。また、好きでない場合は、好きでないと答えることにあまり抵抗もないでしょう。こうして、外向性などの性格は質問紙でもまずまず正確に測れることになります。

それでは、自尊感情の測定でよく使用される「あなたは自信がありますか？」という項目はどうでしょうか。自信があるかどうかそれ自体は、はっきりとした行動ではありません。そこで、この問いに答えるために思い出されることは、明確な結果（良い成績をとった、運動会で一番になったなど）になります。そして、その記憶内容を参照して答えます。お分かりのとおり、そこでは他者との比較の上での行動が評価のより所となることが多くなります。

さらにまずいことは、自律的自尊感情などの概念はなかなか具体的な行動に表現できないことです。具体的に表現しようとすれば本来の概念から外れることになり、抽象的に問えば他者との比較による記憶がどうしても参照されることになります。また、外向性とは違って自尊感情が低いと社会的にはあまりよいことではないということが分かっているので、望ましい方向に答えが歪められることになります。つまり、社会的望ましさが悪さをするのです。このあたりの流れを図示したのが**図3-9**になります。

どうでしょうか。自律的自尊感情が意識上では測れないことが分かっていただけたでしょうか。こう考えると、自律的自尊感情を測ろうとする自己報告式の質問紙はすべてダメということになります。このことは曖昧にできません。現状ではすべて使いものにならないのです。そ

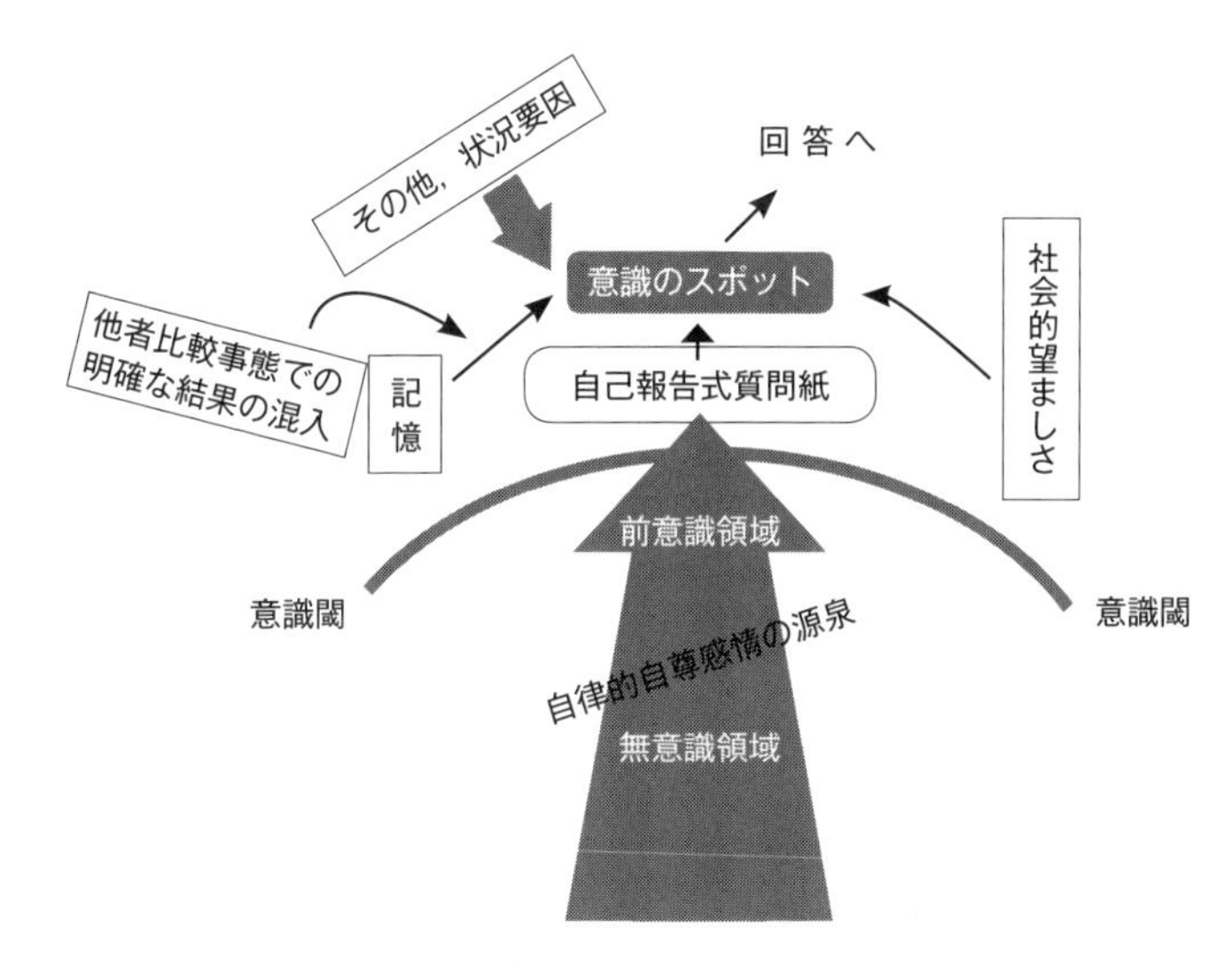

図 3-9　自律的自尊感情が意識では測れないことを示すモデル

れでは、どのようにして測ればよいのでしょうか。測る方法がなければ、研究も教育も前には進みません。

そこで、その測定方法について次の章でお話しします。

第4章
果たして「自尊感情」は測れるのか？

心理学は測定が命

心理学は若い科学です。科学としての心理学がいつ興ったのかは諸説ありますが、ドイツのヴント博士が心理学の実験室をライプツィヒ大学に創立した１８７９年を心理学の誕生年とする人が多くいます。とすると、まだ１４０年ほどしかたっていません。

当初、心理学は科学になろうとして焦りました。そのため、客観的にとらえることができる知覚や行動に限定して研究が盛んに行われました。なぜなら、科学は客観的に研究対象を測定できることが最初の出発点になるからです。

しかし、人間の心理を調べる学問が知覚や行動だけに限定されていては不十分なことは目に見えています。そこで当然の成り行きで、性格や感情なども研究の対象にされるようになりました。ところが、性格や感情などははっきりと目に見えないものだけに、その測定はむずかしいものとなりました。

そこで心理学は知恵を絞り、さまざまな測定方法を開発しました。その中でも、問われた質問に自分で考えて自分で回答する自己報告式の質問紙が次第に幅をきかすようになりました。何といっても、紙と鉛筆だけを使い、集団で一斉に実施でき、簡単にその結果を得点化できるという長所が質問紙にはありました。

しかし、現在でも最も頻繁に使用されているこの質問紙には多くの欠点がありました。例えば、自分を良く見せようと回答を歪めることは朝飯前です。また、自分が気づいていないことは正しく回答できないし、また自分が気づいている内容もどれほど正確なのか怪しいものです。

心理学が研究対象として興味をもつのは、構成概念といって、明確には表に現れない、私たち人間が作った概念です。それだけに、その概念をできるかぎり正確に定義することから研究は始まります。そしてその定義された概念を測る必要が生まれ、測定方法の開発が始まるのです。

ところが測定方法が開発されても、その概念を本当に測れているかどうかが分かりません。そこで心理学では、測定方法の信頼性や妥当性*という、どれほど安定して本当に測りたいものが測れているのかどうかを調べる方法も開発しています。ところがこの妥当性が曲者で、本当に妥当な測定法かどうかなど十分に調べることはできないのが現状です。

妥当性の中では、その概念の「ユニバース」をとらえているかどうかがポイントになります。例えば、攻撃性ならこの中にいろいろな側面があり、それが全体としての攻撃性を構成し、その構成全体をユニバースと呼んでいるのです。このユニバースの一部だけを測っても攻撃性を測っていることにはなりません。ここは少しややこしい話になっているので、理解の助けに**図**

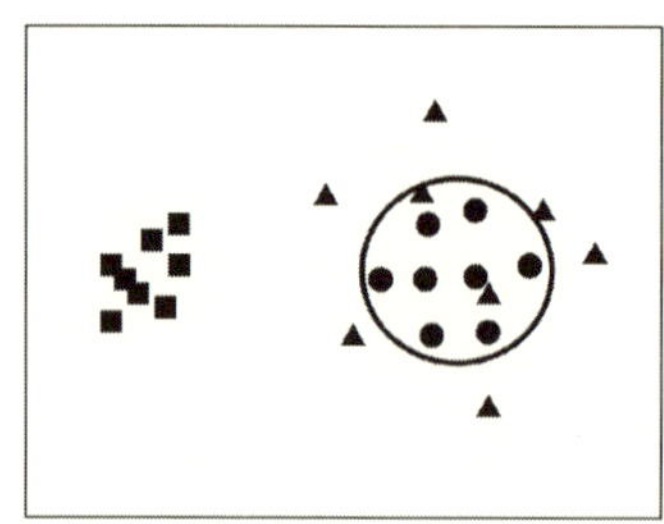

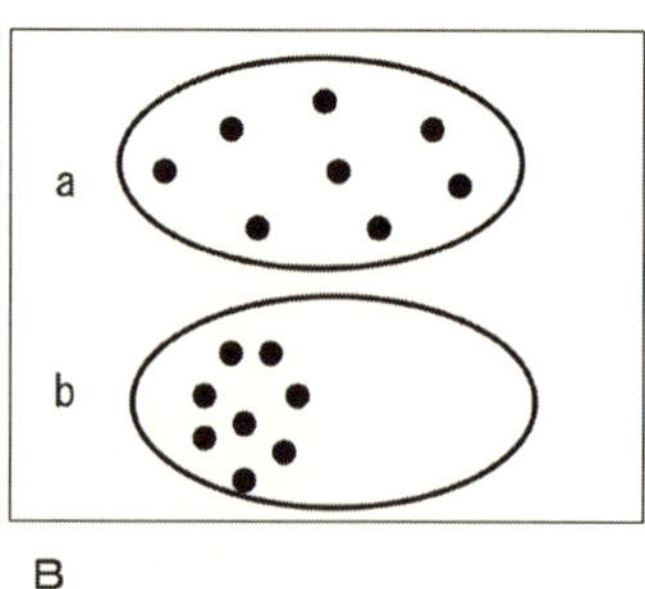

A　信頼性の高さは，■>●>▲　妥当性の高さは，●>▲>■
B　概念のユニバースの表現は，　a > b

図 4-1　信頼性と妥当性，そして，概念のユニバース

注：● ■ ▲ は質問項目を示す。○と⬭は概念のユニバースを示す。A は，信頼性が妥当性とは異なる概念であることを示すために極端な図にしている。細部の条件次第では解釈が異なるが，信頼性（特に等質性）と妥当性の違いをざっと理解するための図である。

4-1をご覧ください。

この妥当性の検討は適当に行われているのが現状です。それは尺度開発の専門論文を見れば一目瞭然です。この観点から、自尊感情の質問紙について次にくわしく見てみます。

＊質問紙でいうと、「信頼性」は、繰り返し実施しても、その得点が安定して同様の得点となり、また同じものを測ろうとする質問項目群が個人によって同様の答え方を生むこと（等質性）を示す。「妥当性」は、その質問紙が測ろうとするものを本当に測れているかどうかを示す。

世界で最もよく使われてきた質問紙

自尊感情を測る定番の物さしがあります。研

表 4-1　ローゼンバーグ博士の自尊感情質問紙の質問項目

（Mimura & Griffiths, 2007 [(1)]；内田・上埜, 2010 [(2)] より作成）

1	私は，自分自身にだいたい満足している。
2	時々，自分はまったくダメな人間だと思うことがある。
3	私にはけっこう長所があると感じている。
4	私は，他の大半の人と同じくらいに物事がこなせる。
5	私には誇れるものが大してないと感じる。
6	時々，自分は役に立たないと強く感じることがある。
7	自分は少なくとも他の人と同じくらい価値のある人間だと感じている。
8	自分のことをもう少し尊敬できたらいいと思う。
9	よく，私は落ちこぼれだと思ってしまう。
10	私は，自分のことを前向きに考えている。

回答は４件法で，強くそう思う，そう思う，そう思わない，強くそう思わない。

究界でも、学校の場でも、やたらと使われている質問紙がそれです。第2章でも少し出てきましたが、その中でもローゼンバーグ博士の質問紙が断トツでよく使われてきました。**表４－１**にそのすべての項目を出してみました。

ここで、ローゼンバーグ博士の自尊感情の概念を復習しておきます。本当に自尊感情が高いときは、自分を平均的な人間ととらえるものの、自分にはまずまず満足しています（第一の要素）。とはいえ、自分には不十分さがあることは分かっていて、自分自身それを改善していくことを期待している（第二の要素）、という二つの要素が指摘されています。博士はこれを、自分のことを「まあ、良い」と考えている自尊感情としたのです。

これと対比されるのが、自分を「非常に良い」ととらえる自尊感情でした。この自尊感情は健康上も適応上も問題があり、他者と比較して優っていることからくる自尊感情で、けっして望ましい自尊感情ではないと博士は考えました。

そして、「まあ、良い」の自尊感情を測ることができる質問紙が**表４-１**ということになります。この質問項目を見ると、確かに第一の要素を測るように気を配った項目であることが分かります。ところが第二の要素はまるでありません。強いていえば、最後の10番目の項目がそれに当てはまるかもしれない、という程度です。

また第一の要素にしても、その測定は不十分のようです。「他の人と同じくらい」と平均的な人間であることを問うている項目がありますが（4番と7番）、これは少なくとも他者との比較が行われる項目になります。6番の「役に立たない」と9番の「落ちこぼれ」も他者との比較を想定する項目になります。つまり、おのずと他者との比較の上で回答がなされます。

さらに決定的に問題になることは、この項目のほとんどは、「非常に良い」と「まあ、良い」を弁別することができないことです。3番ではむしろ、「非常に良い」の方が得点が高くなることが十分に考えられます。

測定法は、測りたいもののユニバースが確かに測られていることが大切です。この観点からすると、ローゼンバーグ博士の質問紙は妥当性の検討が行われていないし、項目内容を見ただけでも、その概念がとらえられていないことが明らかです。第2章で登場したカーニス博士らも、この質問紙では、安定した高い自尊感情（最適な自尊感情）と脆く高い自尊感情を区別できないことを指摘している(3)ことを付記しておきます。

この質問紙が世界中で一番よく使われているのですから、自尊感情の研究が混乱するのも、当然といえば当然です。

どうやっても自律的自尊感情は質問紙では測れない。では、他律的自尊感情は？

第３章の終わりで、自律的自尊感情は質問紙では測れないことをお話ししました。ローゼンバーグ博士は、自分が考える望ましい自尊感情の非意識性の強さを知らなかったので、その測定法に自己報告式の質問紙を出してきたのだと思います。そして、その質問紙では、前節で説明したように、博士の概念は測定できていないし、おそらく質問紙のままではどのように改善しても測れないことが予想されます。

博士の「まあ、良い」という自尊感情の概念はいい線をいっているのですが、当時は非意識の実証的な研究などほとんど行われていないこともあって、非意識の大切さを考慮できなかったことは無理もないことだと思います。この点は、デシ博士たちの真の自尊感情、カーニス博士たちの最適な自尊感情についても同じことがいえます。

それに、質問紙は社会的に望ましい方向に回答しようとして歪曲されることがしばしばあることも第3章では触れましたが、この点は再度強調しておきます。

ここで少し寄り道をして、自律的自尊感情が低い場合のことを考えてみたいと思います。この自尊感情が低い場合には二つのことが考えられます。一つは、他律的自尊感情が高くなっている場合です。もう一つは、どちらの自尊感情も低くなっている場合です。後者の場合は、第2章の**図2-6**で示した無気力状態を指します。

さて、ここで考えてみたいことは、他律的自尊感情は自己報告式の質問紙で測ることができるのかという疑問です。

第3章の終わりには、外向性などの性格は比較的よく質問紙で測定できることをお話しています。それは、はっきりした行動で質問項目を作ることができたことが主な理由でした。また、そのような行動は振り返ると鮮明に記憶が蘇り回答しやすくもなります。それに外向性が低くても社会的には大きな問題とは考えられず、個性程度にとらえられ、虚偽の回答が出にくいことからでもありました。

この点から、他律的自尊感情が質問紙で測定できるかどうかを考えてみましょう。他律的自尊感情は、他人との比較に敏感な自尊感情でした。他人に勝ったり、他人よりも良くできたことで高まる自尊感情です*。そんな優越感を感じるような出来事はしっかり記憶されていて、

「あなたは、友だちより勉強が良くできると思いますか？」などと聞かれると、すぐに友だち（多くの場合、都合のよい特定の友だちが浮かび上がる）より算数のテストの点数が良かったことなどが思い出されて回答ができます。つまり、精度の問題こそあれ、他律的自尊感情は自己報告式の質問紙で測ることができます。

それに、他律的自尊感情の内容自体は、社会的に望ましくないとはあまり考えられていません。また、高いほど良いとも考えられていません。つまり、意識的に得点を操作することがそれほどないと思います。学校でも家庭でも、どちらかといえば他律的な自尊感情を伸ばしてしまう機会が多くなっています。人間が２人以上一緒に生活すると比較が行われ、ここから現代社会は競争社会になります。個人が相対的に評価されることが常の社会になるわけで、だれもが自然とそうしてしまいます。

すでにある随伴的（他律的）自尊感情の測定を目指した質問紙は、この自尊感情の概念からの妥当性の検討が十分ではありません。そこで新たに質問紙を作り、その妥当性を見きわめる実証的研究こそが、他律的自尊感情が質問紙で測定できるかどうかの決着をつけることになるでしょう。私たちは、すでにその開発を終えています[4]。ほどなく公表できると思いますので、ご期待ください。

＊他律的（随伴的）自尊感情の高い者は、他者との比較や競争に鋭敏で、他人よりも優ることで自尊感情を高めている。このため、自尊感情を高めるために、他者よりも優る競争事態へ選択的に身を置き、また優った経験がより鮮明に記憶化される。しかし実際には劣る場合も少なくないので、この自尊感情の高さは不安定になる。もちろん、自己信頼心、他者信頼心、内発的動機づけは軒並み低くなる。もっとも、劣った場合には、言い訳や関連する他者への非難など防衛的な反応がとられることが多い。

非意識で測ることに切り込もう！

これまでに、とくに自律的自尊感情は自己報告式の質問紙を使っては測れないことを説明してきました。測れないと研究も教育も進まないので、これでは自律的自尊感情は、研究も教育もお手上げということになってしまいます。

心理学や精神医学では、フロイト以来無意識の力が強調されてきたので、非意識を測定する方法は考案されてきました。その主要な方法は投影法といわれる測定法で、ロールシャッハテスト、バウムテスト、ＴＡＴなど多数あります。このうち、自尊感情の測定法として使用されることが多いのはＴＡＴです[5]。ＴＡＴ（Thematic Apperception Test）は自尊感情を測定するためだけに作られたわけではありません。他の多様な測定目的で使用されています。図版を見せて、図版ごとに自由に物語を作ってもらい、その物語の内容を評価して、そこから関心のあることを測定します。

しかしこの投影法は、自尊感情の測定には使いものにならないと思います。というのも、TATをはじめ多くの投影法は個別に実施しますが、まず実施に時間がかかりすぎます。そしてもっと大きな欠点は、評価に客観性がありません。さらにいえば、測りたいものを測れているかどうか保証がありません。

フロイトに始まる精神分析学は、その視点は画期的で現在もなお利用価値があるのですが、始まった頃は科学性が何もないものでした。前にも紹介しましたが、「間違っているとしても、よくできたものだ」と揶揄されるほどでした。それに組する多くの投影法も同じです。科学性がないのです。

近年の無意識研究が実証科学のもとで推進されていることは前の章で紹介しました。そこでは、無意識がどれほど多方面で私たちをコントロールしているかが証明されつつあります。誰もが再現できる方法で、つまり科学的な方法でそれを証明しているのです。

確かに、そこでの研究は素晴らしいものです。しかし、そのほとんどの研究は、無意識からのコントロールの有無の証明で、その力がどれほどのものかを量や数値で表すことはできていません。誰の目にも、その数量化はたいへんむずかしいものです。しかし、このことが実現できなければ、自律的自尊感情の研究も教育も進みません。

天文学の発展は望遠鏡の発展の歴史でもあります。アメリカのスミソニアン博物館でハッブル望遠鏡の展示を見たとき、地上６００キロに浮かぶ宇宙望遠鏡の発想に度肝を抜かれました。科学的な発展は、測定や観察の方法の発展に支えられています。自律的自尊感情にもそんな夢の方法はないものでしょうか。

非意識下での連合テストが面白い

20世紀の終わりに、この要望にぴったりの測定方法が開発されました。それは、ＩＡＴ（Implicit* Association Test）と呼ばれる潜在連合テストです(6)。このテストの原理は簡単です。**図4-2**を見てください。問題1と2では、どちらの方が正確に速くできるでしょうか。

トランプがあれば実際にやってもらうとすぐに分かるのですが、問題2の方が正確に速くできます。なぜなら、問題2では色に注目すればよいだけで、共通の色である黒か赤で左右へ分けることができます。ところが問題1では、それぞれのカードの違いを区別しなければなりません。

問題１　出てくるカードのうち，スペード♠とダイヤ♦は左に，
クローバー♣とハート♥は右に置きなさい。
問題２　出てくるカードのうち，ハート♥とダイヤ♦は左に，
スペード♠とクローバー♣は右に置きなさい。

どちらの問題が正確に速くできますか？

図 4-2　潜在連合テストの原理を示す例

つまり、刺激の対に何らかの共通性があり結びつき（連合）が強いと、そちらのペアの方へ速く正確に反応することができます。ＩＡＴは本来、パソコンを前に実施するものです。**図４-３**にその例を載せました。この例は、このテストを用いてよく行われる人種への態度を調べる方法の一例です。特定の人種への差別は固く禁じられています。差別は社会的に許されることではありません。差別するかどうかを質問紙で尋ねたところで、「差別をします」と答える人は誰もいないでしょう。あるいは、回答者本人もまさか自分が差別するなどとは考えていない人がほとんどでしょう。

図の例では、写真や言葉で「黒人」か「良い単語」が中央に出れば右側のキーを、「白人」か「悪い単語」が中央に出れば左側のキーを押します。非意識で（潜在的に）黒人への偏見がある人は、「黒人」・「悪い単語」と「白人」・「良い単語」の左右分け課題の方が、「黒人」・「良い単語」

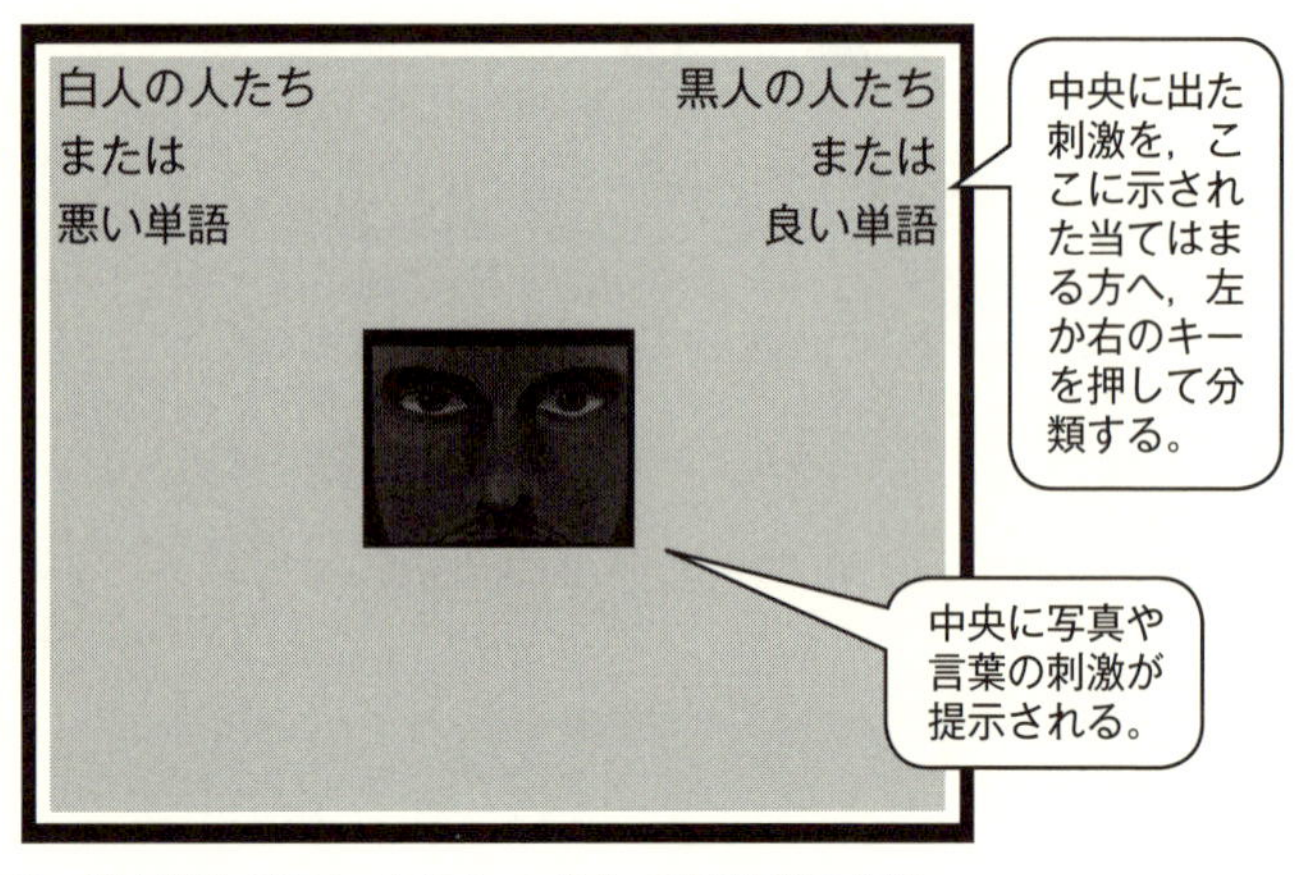

図 4-3　潜在連合テスト（パソコン版）の原理を示す例

（IAT テスト https://implicit.harvard.edu/implicit/japan/ より改変）

と「白人」・「悪い単語」の左右分け課題よりも、速く正確に課題を行うことになります。

刺激の組み合わせ、刺激の提示の順番、左右のキーの割り当てなどは条件が等しくなるように細部は工夫されるのですが、ＩＡＴの原理はおよそこういうことになります。

「今から、人種への態度を調べます」などと説明する必要はありません。ただ、課題のやり方を説明して実施すればよいのです。

ＩＡＴのやり方は、さまざまなバリエーションがあります。また、学校や会社で集団で実施する場合は、パソコンを使って実施することにはいろいろと制約がありますが、この点を考慮した方法が開発されています。

パソコンを使用しないで集団で一斉に実施するテストは、紙と鉛筆だけを使って行います(7)。

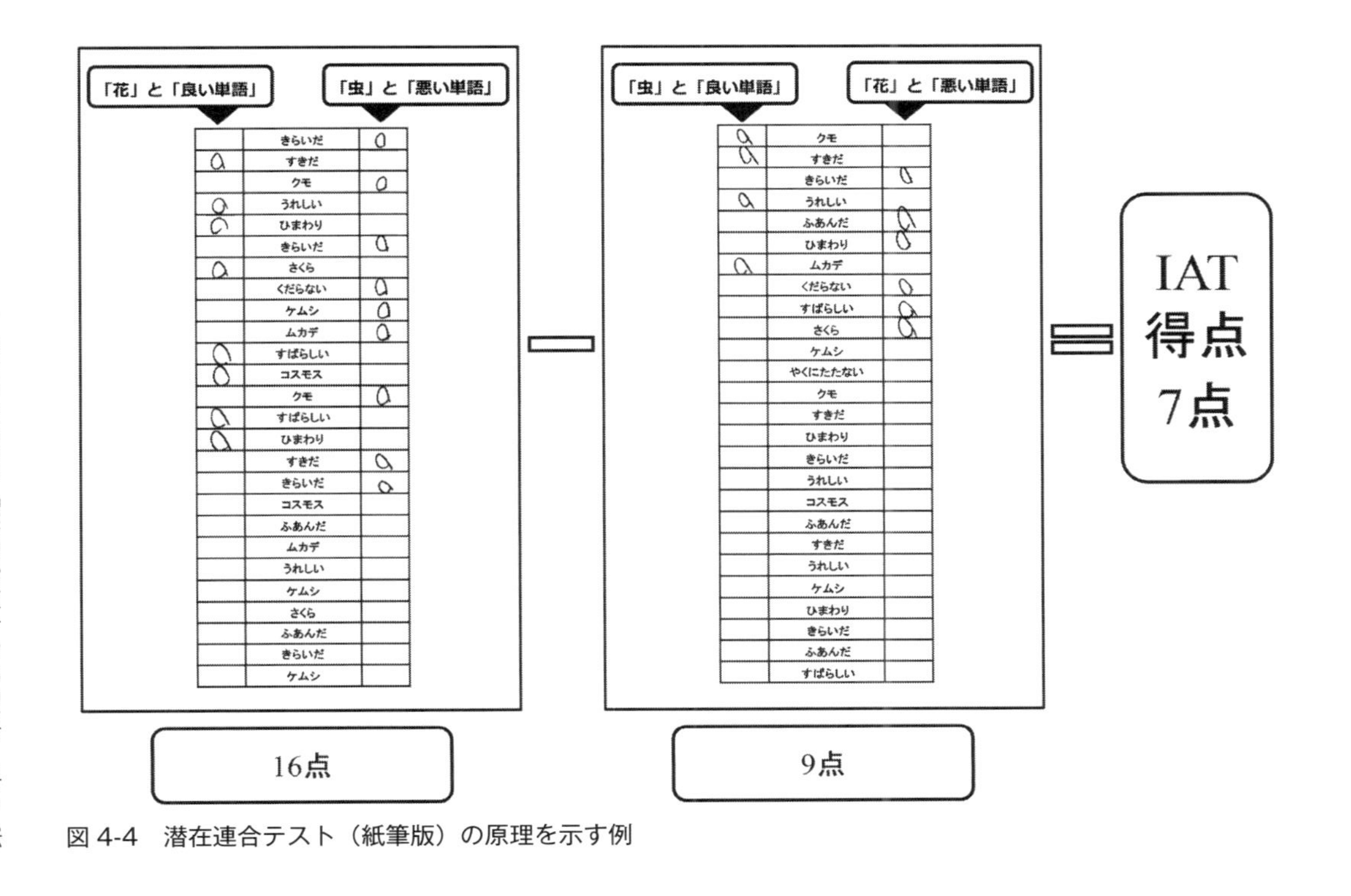

図4-4　潜在連合テスト（紙筆版）の原理を示す例

紙筆版のテストに限ってもさまざまなバリエーションがありますが、基本的なやり方を示したのが**図4-4**です。ここでは、花がどれほど好きか（嫌いか）、昆虫がどれほど嫌いか（好きか）の非意識の態度を測定しようとしています。図の左側は、「花」と「良い単語」ならびに「虫」と「悪い単語」を上から左右に振り分けて○をつけていき、右側は、「虫」と「良い単語」ならびに「花」と「悪い単語」で同じようにやっていく課題です。

図にあるように、左側の課題の正解の遂行量と右側の課題の正解の遂行量を引いて値がプラスになれば、花が好きで虫が嫌いという非意識にある（潜在的な）態度が推測されることになります。

実に興味深いテストです。この方法は、態度を含めて人のさまざまな心の特徴を測定できることが分かっています。ということは、自律的自尊感情を測るもってこいのやり方になりそうです。

＊インプリシット（implicit）という言葉が意味することは曖昧である。それは前意識にあるという研究者や、無意識だという研究者がいる。少し努力すると意識にもってこれる領域、つまり前意識にあるという見解が優勢である。しかし、筆者は無意識にも前意識にもすべてにわたって存在していると考えている。なぜなら、無意識と前意識の境界は曖昧で、少なくとも前意識は無意識の影響を強く受けていることによる。この点で、非意識にあると言及することが無難であろう。

潜在連合テストで自律的自尊感情をどう測る？

実は、自尊感情をＩＡＴで測ろうとするテストはすでにありました[8]。しかし、そのやり方の詳細を調べると、どう見ても自律的自尊感情を測れるやり方ではありませんでした。

少し専門的になるのですが、なぜこれまでのやり方では測れないのかを説明してみます。ＩＡＴで自律的自尊感情を測るためには、大きくは次のことを注意して考えなければなりません。①自分を示す言葉の選択、②自分以外の言葉の選択、③良い単語と悪い単語の選択、です。

①の自分を示す言葉は一つではなく、複数用意する必要があります。一つだと選択時に負荷があまりかからず、自分への焦点化がぼやけてしまいます。それに、誰もが自分のことだと分かる言葉でなければなりません。

②はかなり注意が必要です。これまでのＩＡＴでは、自分以外の言葉に他人を示す言葉（友だち、先輩など）が用いられることが多く見かけられます[9]。他人を示す言葉を用いると最終的な得点に他者との比較の特徴が入ることになり、自律的ではなく、他律的な自尊感情を測ってしまうことになりかねません。他人を競争相手として見る姿勢が強いと、他人を示す言葉と良い単語との連合は弱くなり、この点から自分と良い単語との連合の強さとの差が開いてしまう

からです。

　そして、さらにむずかしいのは③です。自尊感情に限らず、これまでのＩＡＴはこの良い単語と悪い単語の選択に問題があることが多かったようです。自尊感情の測定ならば、自尊感情に直接関係する言葉（自信があるなど）を選ぶ必要があります。間接的に関係するような言葉（気持ちがよいなど）を選ばないことが大切です。つまり、良い単語ならよい、悪い単語ならよい、ということではありません。

　これは自己報告式の質問紙でも同じことですが、自己報告式ではこのことは当たり前の留意点になります。例えば攻撃性を測る場合、「カッとなることがよくありますか」は攻撃性に直接かかわる質問と考えられますが、攻撃性が高いとおそらくそうなるだろうという質問（例えば、「友だちは少ない方ですか」）は間接的なかかわりで、よくない質問になります。なぜなら、攻撃性とは別の特徴が友だちの少なさをもたらすことがあるからです。

　私たちは、このようなことに細心の注意を払いながら自律的自尊感情を測定するＩＡＴの開発に着手しました。それも、最初は児童用の紙筆版ＩＡＴの開発に絞りました。次の章でもお話ししますが、自律的自尊感情は人の性格の根幹をなし、これが高まるとその後の人生は順風満帆になるともいえるほど大切です。しかも普通は、自律的自尊感情は乳幼児期にその基盤が形成されます。つまり、後で矯正ができる可能性があっても、最初の形成の勝負は発達の早い段階で行われます。

そこで、遅くとも児童期での測定を目指したのです。もっと早い段階での測定がよいのでしょうが、やり方について最低限の言葉によるコミュニケーションが必要なＩＡＴでは、今のところ児童期の真ん中あたり（小学４年生）が実施できる最初の発達段階になります。それに、これも第５章でお話しするのですが、私たちはすでに自律的自尊感情を高める学校教育を開発し実践していて、その教育と連動させてＩＡＴによる自律的自尊感情の測定方法を利用したいと考えました。その教育はすべての児童生徒を対象に行われるので、このことから紙筆版のＩＡＴが必要になりました。学校では、すべての子どもに一斉に実施しなければならない場合が多く、紙筆版があれば重宝されます。

児童用自律的自尊感情・潜在連合テストを公開します

それではここで、児童用の自律的自尊感情を測定するＩＡＴを紹介します(10)。

前節で注意を喚起した①〜③に、どのように対処したかについて**表４－２**に示しました。①〜③について問題がないように工夫されている様子が見てとれると思います。①は、誰もが自分のことだと分かる言葉を二つ以上設定しました。②は、他の人を指示せず、誰でもない、人

表 4-2　児童用自律的自尊感情・潜在テストで用いられる言葉の数々

（横嶋ら，2017 [10] より作成）

①自分を表す言葉	じぶんは・わたしは
②自分以外を表す言葉	あれは・それは
③良いイメージの言葉	すきだ・すばらしい・じしんがある・まんぞくした
③悪いイメージの言葉	きらいだ・くだらない・ふあんだ・やくにたたない

注：①～③は，前節で示した作成上の注意点に対応

表 4-3　児童用自律的自尊感情・潜在テストの実施順序と時間

（横嶋ら，2017 [10] より作成）

課題	内容	詳細	実施時間
1	属性語	良い単語 － 悪い単語	20 秒
2	カテゴリー語	自分 － 自分以外	20 秒
3	組み合わせ 1	自分＋良い単語 － 自分以外＋悪い単語	20 秒
4	組み合わせ 1	自分＋良い単語 － 自分以外＋悪い単語	20 秒
5	カテゴリー語	自分以外 － 自分	20 秒
6	組み合わせ 2	自分以外＋良い単語 － 自分＋悪い単語	20 秒
7	組み合わせ 2	自分以外＋良い単語 － 自分＋悪い単語	20 秒

注：1，2，5 は練習，3，4，6，7 が本番
　　得点は，3 と 4 の合計正答数から 6 と 7 の合計正答数を引いた値

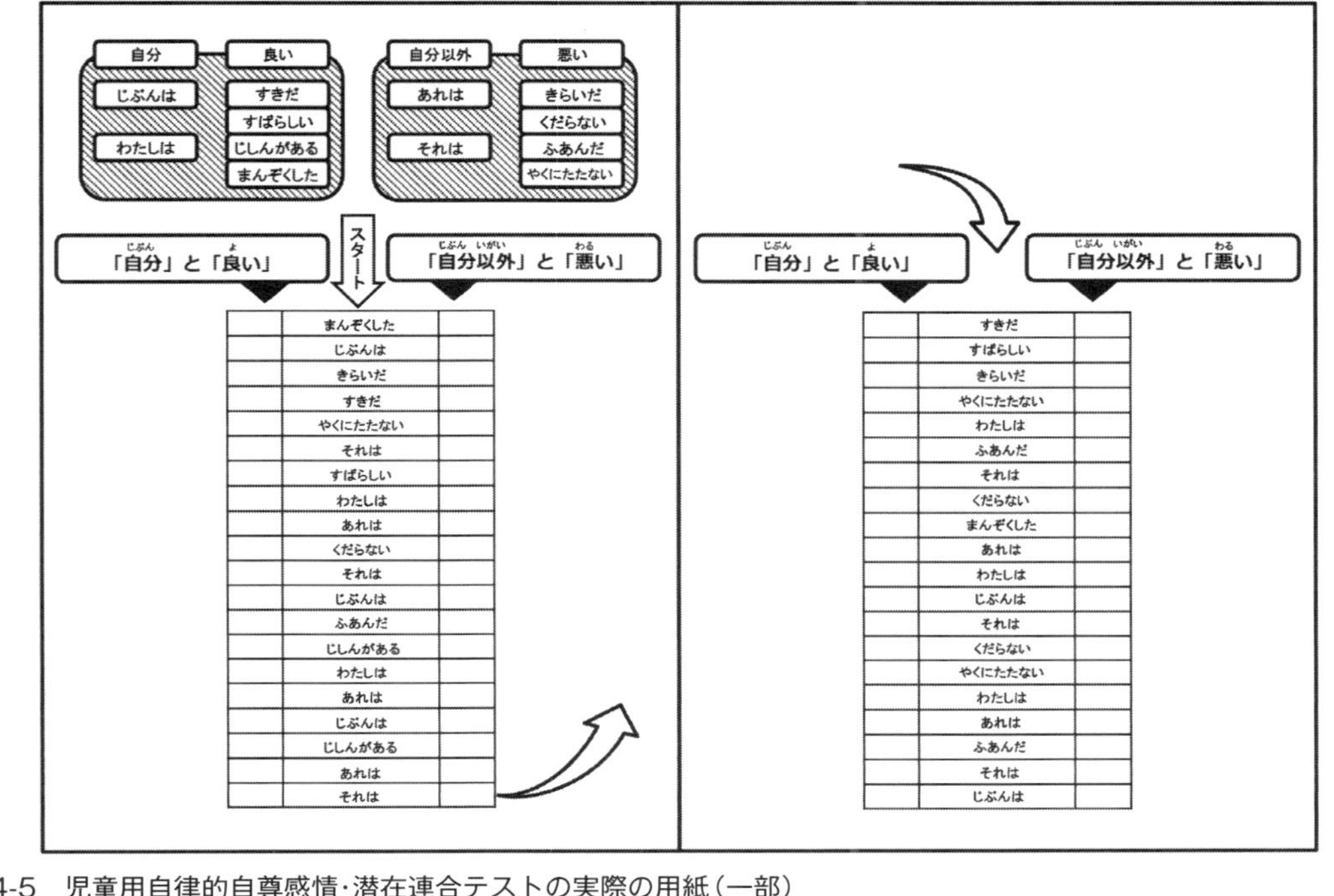

図 4-5　児童用自律的自尊感情・潜在連合テストの実際の用紙（一部）

以外の言葉にしました。そして③は、自尊感情の高い場合と低い場合に直接的にかかわる言葉をそろえました。いずれも自律的自尊感情の概念に触れることができるように、細心の注意が払われています。一部ですが、実際の検査用紙を**図4-5**に示しました。実施の順序や時間については**表4-3**を見てください。児童でもやり方に間違いがないように、分かりやすいデザインになっています。**表4-3**中の1、2、5は練習、あるいは出てくる言葉に注意を喚起する課題です。得点は、課題3と4の合計正答数から6と7の合計正答数を引いた値になります。つまり、「自分」と「良い単語」ならびに「自分以外」と「悪い単語」を左右に分ける課題から「自分以外」と「良い単語」ならびに「自分」と「悪い単語」を左右に分ける課題のそれぞれの正答数を引いた値となります。

研究においては3と4、6と7はカウンターバランスといって前後逆（6と7が先、3と4が後）に行う場合も設けます。しかし、私たちの分析では6と7を先に行い、後で3と4を行うと、これで順番を固定しても問題なく歪みのない得点化ができることを確認しています。そうなると、学校現場で実施する場合の負担が軽減します。しかも、このテストの実施時間は10分ほどで、こんなに短い時間で簡単に実施できるテストなら、学校でもやりやすいこと請け合いです。

そして、このテストの秀逸なところが、テストが本当に自律的自尊感情を測定できているの

表 4-4　児童用自律的自尊感情・潜在連合テストの妥当性に用いられた評定文

（横嶋ら，2017[10] より作成）

直接的な評定文

「まわりにながされず，やりたいことを楽しそうにやっていることが多い」

補足説明：１人であっても，友だちといても，主体的に自分のやりたいことができているかどうかである。

逆の観点から尋ねた評定文

「友だちや先生の目を気にすることが多い」（不安）

補足説明：不安な感情から周囲の目を気にしやすいかどうかである。

「友だちに対して，気分を害することが多い」（攻撃性）

補足説明：友だちに対する嫌悪や怒りなど，攻撃的な気持ちを抱きやすいかどうかある。

いずれの項目評定でも，運動や勉強ができる，あるいは態度が良いこととは関係なく評定してもらうことを強調した。

注：各評定文で，「まったく当てはまらない」から「とてもよく当てはまる」の７件法で回答する。

かどうかを、実に手の込んだやり方で確認をしたことです。くわしくは最初に紹介した論文[10]にゆずりますが、この得点が高くなった児童と低くなった児童について、長期間その子どもたちを見ている担任の先生に自律的自尊感情が高いか低いかを評定してもらいました。

評定の項目は**表４−４**に示したとおりです。自律的自尊感情を直接的に尋ねる項目を一つ、自律的自尊感情が低く他律的自尊感情が高いときに確認できることとして、不安が高い場合と攻撃性が高い場合から各一つの項目を設定しました。これら三つの項目に「まったく当てはまらない」から「とてもよく当てはまる」までの7件法（選択）で回答してもらいました。

このような評定では、放っておくと知らず知らずのうちに他律的な自尊感情の高さで評定が行われることが分かっています。児童のIAT得点についてはまったく知らない実施者が横について、間違いなく自律的自尊感情について評定しているかどうかを確認しながら実施しました。もし軌道から逸れるような評定を行おうとすると、間違いを正しながらの巧妙な評定でした。その結果、このIATは自律的自尊感情を測定していることが分かったわけです。

四つ前の節で、他律的自尊感情は自己報告式の質問紙でも測定できるといいました。しかしそれは、自律的自尊感情と比べれば、まだ質問紙で測れるということです。つまり、他律的自尊感情もIATで測ることができれば、より精度の高いものが測れることになるでしょう。自律的自尊感情がIATで測定できるとなると、他律的自尊感情をIATで測ることはそれほどむずかしいことではないと予想されます。ただ、今のところ作成されていませんので、当面は作成がさらに簡単な質問紙で他律的自尊感情を調べることになりそうです。

前に掲げた①〜③の点に注意すれば、IATは多くの心の特徴を測ることができる汎用性の高い方法になれそうです。

第5章

「自尊感情」を伸ばす教育と幸せな人生

発達の最初が勝負！

「三つ子の魂百まで」――とよくいいますが、3歳と明示している点は間違いです。ただ、発達の早い段階でその後の人生を生き抜く大切な特性が形成されることは確かです。もちろん、人には可塑性というものがありますから、最初にうまくいかなくても後で取り返しがつかないということはあまりありません。しかし、後になるほど直したり育成したりすることはむずかしくなります。

自律的自尊感情は、内発的動機づけ、自己信頼心、他者信頼心のすべてが高まった性格でした。この内容を見ると、これ以上大切な性格はないといえるほどです。自律的自尊感情がしっかりと形成されると、後にどれほど挫折してもくじけないし、どれほど人から裏切られても人を信じることは揺るがないのでは？　と想像させる頑健さです。

この自尊感情の形成のプロセスは簡単です。人はうまいことできていて、大切なものほどその形成が簡単になっています(1)。それがむずかしいと、だれも正常に育ちません。逆にいうと、後で取り返しのつくものほど最初の形成がむずかしくなります。

自律的自尊感情は、生後2年ほどでその基盤ができあがります。赤ん坊は、お腹が空いた、おしめが濡れたなど、生理的な欲求や要求を満たされようとして泣きます。子どもといつも一緒にいる母親は泣き声一つで子どもの状態が分かるようになります。ここに、心ある母親（母親でなくてもかまいません。母なる存在という意味です）がいる家庭では、赤ん坊が空腹で泣くと飛んでいって心ゆくまでミルクを与えるでしょう。

この母親と赤ん坊の交わりは大切です。子どもは少し泣くと自分の思いどおりになるという体験を重ねることになります。まるで地球が自分中心に回っているような体験かもしれません。こんな体験を続けると自分への自信や有能感が高まることは容易に想像されます。もちろん、意識上でそんなことを考えたり感じたりしているのではありません。

視点を母親の方に向けてみると、母親は実にありがたい存在であることに気づきます。何といっても、自分の求めることを実現してくれるのですから。こんな母親がそばにいると、母親への信頼が高まっていくのは当然のことになります。そして、母親への信頼は他の人への信頼に広がっていき、人全般への信頼になるでしょう。

これで自己信頼心と他者信頼心の形成のプロセスが分かりました。残りの内発的動機づけはどうでしょうか。実はこの内発的動機づけは、生まれたときに人生で最高の強さがあります。そして、内発的動機づけは賞や罰などによってコントロールを受けると外発的な動機づけに変わっていきます。このことを頭に入れて、先ほどの母子の相互作用を見てみましょう。「無条件の愛」と呼んでもよい、献身的な愛情を母親は赤ん坊に降り注いでいます。赤ん坊の思うようにやらせるという姿勢です。この姿勢ならコントロールがない分、内発的動機づけは守られそうです。

これで、自律的自尊感情の三つの要素がそろい踏みすることが理解していただけましたか。

自律的自尊感情を損なう二つの道すじ

ところで、自律的自尊感情が百点満点で形成されることは極めて稀です。誰もが大なり小なり、その形成が不十分になります。歪みともいえますが、歪みが小さい場合は個性とも呼べます。歪みが大きいと、今はよくても将来的に問題をもつ可能性が大きくなります。

その歪みには二つの方向があります(2)。**図5-1**を見てください。前節の母子の関係は、図では「適切」と書かれています。この場合、自律的自尊感情がたっぷりと形成され、将来的には健康上、適応上の問題をもつことはほとんどありません。歪む方向の一つは図では下側になり、子どもの求めに親がほとんど応答しない場合です。この場合は、何をしても親が応えてくれないわけですから、子どもは親がしてくれるかもしれないことをただ待つ、依存・消極的な性格になります。

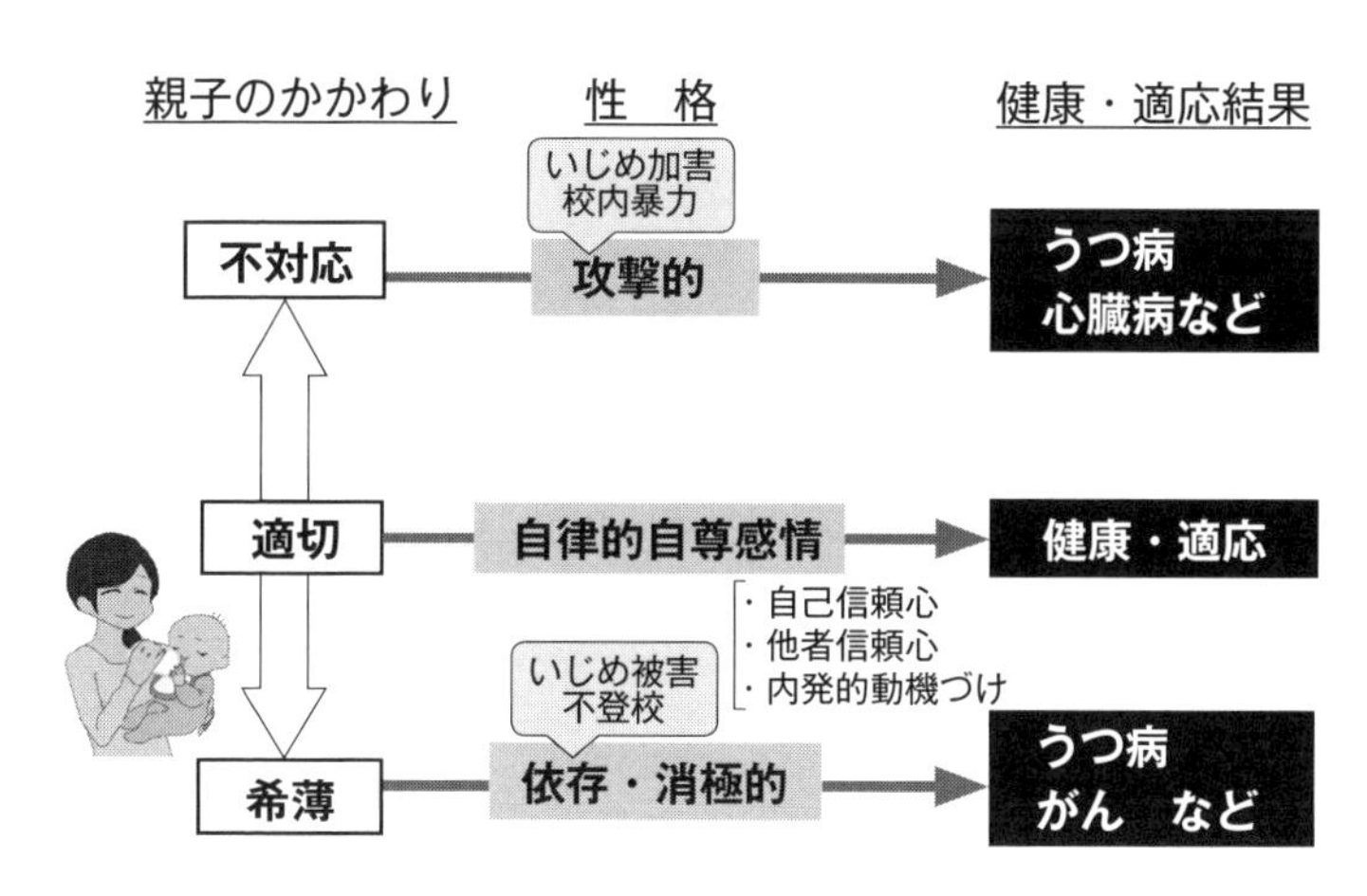

図5-1　自律的自尊感情が損なわれる二つの道すじ

この場合、多くのデータが、身体的には免疫の機能が低下し、がんにかかりやすくなることを示しています[1、2]。精神的にはうつ病にかかりやすくなります[1、2]。このことから、いじめの被害者になったり、不登校になるという学校での問題も起こりやすくなります。この歪みの場合は無気力になることが多いことから、自律的自尊感情も他律的自尊感情もともに低くなります。

もう一つの歪みが、図では上の方になります。親は子どもの求めに応答しないことはないのですが、その応答が子どもの求めに対応せず、親の気分やリズムで応答しているのです。この場合は、親を引きつけるために何をやってもしかたがないという状況ではありません。なんとか親の気を引くために競争的になったり、暴力的になったりし、性格は攻撃的になります。

この場合、身体的健康では循環器系に不具合が起こり、とくにアメリカでは死亡原因第1位の冠状動脈性心臓病になることが多くなります(1,2)。狭心症や心筋梗塞*という名で呼ばれている病気です。精神的には、やはりうつ病になりやすくなります(1,2)。学校ではいじめ加害や暴力行為が高まります。この歪みの場合は競争的で攻撃的になり、もちろんその相手は他の人ですから他律的自尊感情が高くなります。

子ども時代にがんや循環器の病気が発現することは、ほとんどありません。しかし、将来的には十分に病気の発現が予測され、こんなところでも病気の予防という観点が強調されます。いじめや不登校など学校での行動上の問題は、すぐにでも現れるので注意が必要です。

---

*心筋梗塞は冠動脈の一部の血流が大きく阻害されて血流が届くはずの心筋が働けなくなった状態で、一刻を争う生死にかかわる病気である。一方狭心症は、その血流はあるが乏しくなっている状態で、胸苦しさや痛みを感じることも少なくない。

これまでの自尊感情教育から見た学校教育の問題

さて、この本では、新しい自尊感情の概念として自律的自尊感情を導入しました。これこそが、健康や適応上良い結果をもたらすということでした。さらに、自律的自尊感情は非意識でしか測れないこともしっかりと説明しました。

そしてはっきりしていることは、これまでの学校教育はこの自律的自尊感情の考え方を測定方法を含めて一切利用してこなかったことです。

おそらく対象にしていたのは他律的自尊感情の特徴が強い自尊感情です。ということは、それを育成し、効果の評価のために使用した質問紙では得点が高くなることがほとんどでしょうから、健康や適応上子どもを阻害する、子どもをダメにする自尊感情ということになります。

これはアメリカでも同じ状況です。その状況を憂い、「もう自尊感情の教育は止めよう」という人も多いのですが、大勢はそんな意見は無視して旧来の自尊感情教育が進んでいるのです。

近年、西洋医療は科学になろうとして科学的根拠（エビデンス）のある（evidence-based）医療を目指しています。科学の最先端を走っていると思われていた西洋医療が、この状況にあることには驚かされます。翻って学校教育を見てみましょう。科学とは無縁のところで教育が行われています。すべての学校教員のバイブルともいえる学習指導要領も、声が大きい人の意見が採用されるというお粗末な状態です。つまり、科学的根拠なく教育の指針が構築されています。

同じ人の営みを健全化するという目的をもちながら、医療は科学的根拠を最重視し、学校教育は科学的根拠など無視しています。少し前に大学院の授業で50名ほどの受講生に、「学校教育は科学になるべきか？」と尋ねてみました。すると驚くべきことに、半数以上の学生が「なるべきではない」と答えました。

この回答の背景には、科学に学校教育を任せられないという思いがあるようです。確かに、学校現場で生まれる問題を解決したり、方向性を定める科学的根拠は少ないものです。これは科学が学校教育に対して、いかに非力かを示しています。しかし、それでも利用できる科学的根拠はあるのです。それに見向きもしない学校教育の行く末は、たいへん危惧されます。

教育にお金をかけない国は滅びるといわれています。経済協力開発機構（ＯＥＣＤ）の調査では、日本は国内総生産（ＧＤＰ）に占める学校など教育機関への公的支出が先進国の中で最低水準です。もっと予算をつぎ込んで、教育科学の推進に力を入れてはどうでしょうか。

変わり種の新教育、トップ・セルフ

学校で現在行われている自尊感情の教育を批判するばかりで、それに代わる別の教育を出さないのはフェアではないように思います。そこで、代わりになる新しい教育を紹介しておきます。教育効果の測定は、前の章で紹介したＩＡＴを使えばよいので、問題はどのように教育すればよいかということになります。

そこで、もってこいの教育があります。それは第２章に登場した、私たちが開発し、実践しているトップ・セルフという新教育です(3、4)。

このトップ・セルフはたいへん規模が大きく、いくつかの教育に分かれている教育群です。その中に、「自己信頼心（自信）の育成」という教育があり、この教育がまさに自律的自尊感情の育成を目指しています。現在、この教育は小学校３年生から中学校１年生までの授業が用意されています。本気でやれば、毎年８時間を５年間にわたって実施できます。そこまで長期にはできないというときは、いずれかの学年で最短４時間から実施できるようにしています。中学１年生版を高校生に実施している学校もあります。

この教育は、近年の脳科学や心理学の理論や知見を生かして開発されています。第３章に紹

図 5-2　トップ・セルフの授業光景

介した、非意識の機能の役割や非意識と意識の相互の作用を教育の基盤においています。とりわけ、第3章のソマティック・マーカー仮説は重視されています。授業では情動や感情をかき立て、それをベースとして教育目標としての見方、考え方、振る舞い方を学習させます。

　学習がうまくいくと、情動や感情に抱かれるように教育目標が一体となって記憶化されます。普段の生活でこの学習と同様の事態に遭遇すると、記憶化された情動や感情に導かれて教育目標としての心の特徴が現実に適用されます。

　情動と感情をかき立てるので、児童生徒のこの授業への没頭度は相当なものになります。とりわけ、その情動や感情はポジティブなものになるので子どもは心底この授業を楽しみます。子どもたちが待ちに待つほどの授業になるわけです。**図5-2**の授業の光景をご覧ください。生き生きとした子どもたちの様子が見てとれるでしょう。

図 5-3　トップ・セルフで使用されるアニメ・ストリーの１コマ

図 5-4　トップ・セルフで集団ゲームに興ずる児童たち

授業で情動や感情を十分に喚起することは、むずかしいものです。そのためトップ・セルフは、短いアニメ（**図5-3**）や楽しいゲーム（**図5-4**）を盛り込み、随所に音楽や効果音を教室で鳴らします。一度見ると、この授業がこれまでの授業とはまったく違うことがすぐに分かり、衝撃を受けるかもしれません。

直接教育目標を達成する方向も、この章の最初に紹介した自律的自尊感情の発達過程に沿うようにします。つまり、子どもが何かをやろうとして、それが他の人の助けのもとにできるという経験をふんだんに盛り込みます。これを、情動や感情が十分に喚起されている状況で実施しようとするのです。

トップ・セルフは最初から簡単に実施できるわけではありません。本当に効果がある授業は、実施するのにそれなりに練習が必要だと考えています。今トップ・セルフは全国の多くの府県で実施されています。学校が導入しやすいように、さまざまな工夫も行われています。まずは**図5-5**にある冊子を読み、そのとおりに進んでください。

そして、予防教育の理論と実施方法を簡単に説明したＤＶＤが各1枚用意されているので（**図5-6**）、これを視聴してください。その後、どの学年（小3～中1）の何回版（4時間か8時間）を実施するのかが決まれば、授業教材など授業に必要な一切合切が入ったＤＶＤ（**図5-7**）が送られ、教材作成から授業の実施練習、そして授業の実施へと進みます。

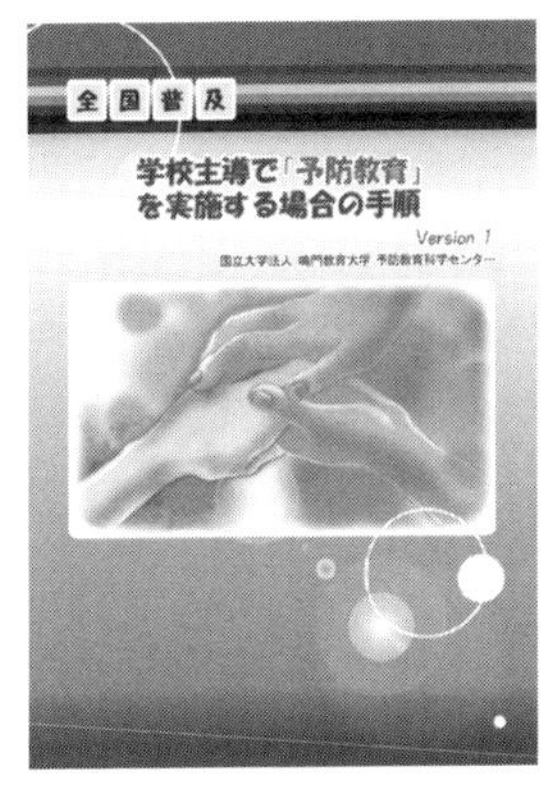

図 5-5 学校がトップ・セルフを導入するときの手順を示した冊子

図 5-7 教材など授業に必要なものすべてが入ったDVD

図 5-6 トップ・セルフの理論と授業のやり方を示したDVD

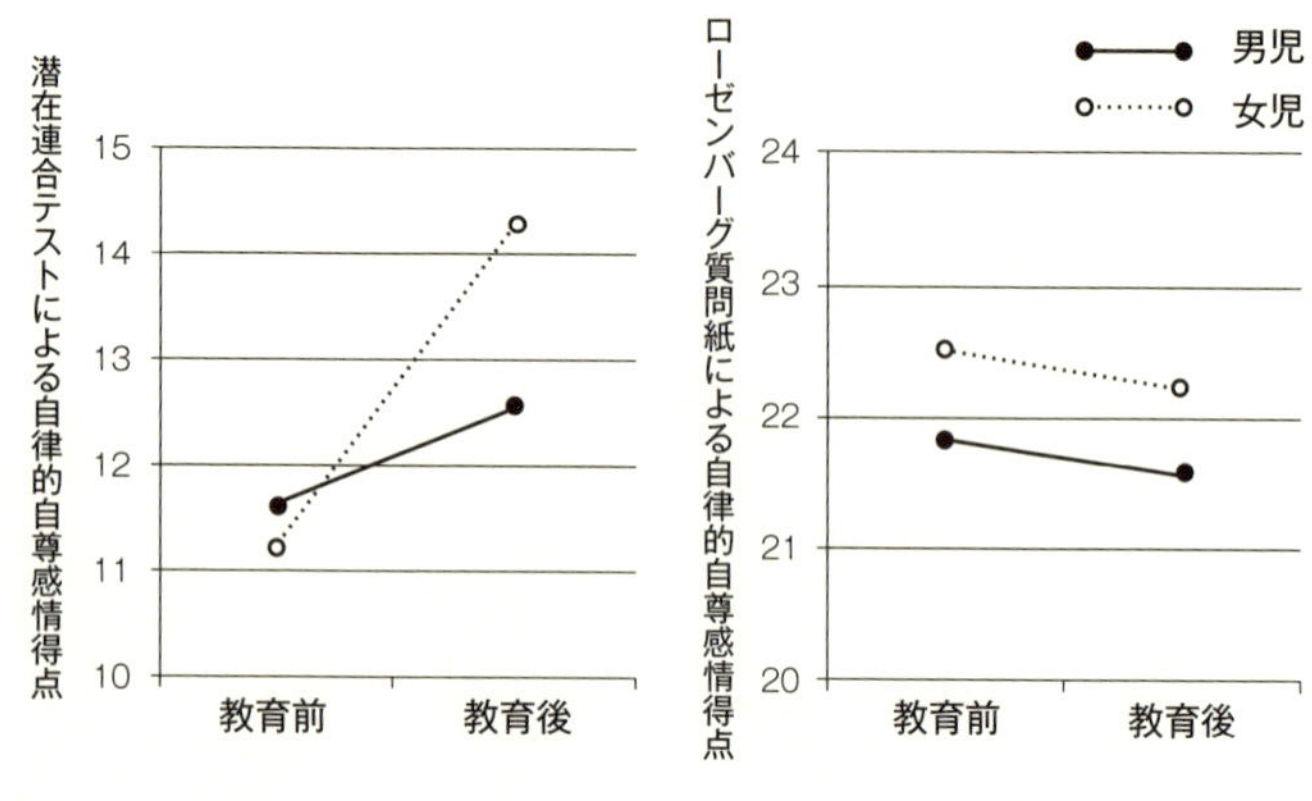

図 5-8　予防教育（トップ・セルフ）実施前後の自尊感情の変化

（横嶋ら，2017 [5] より作成）

実は、この予防教育は教育を科学にしよう、という私たちの野望の一環です。普通「エビデンスがある」とは効果が科学的に証明されているということですが、学校での教育効果の科学的な確認はたいへんむずかしいので*、教育効果の確認に加えて、教育目標の設定や教育方法の採用にもエビデンスをつけています。この教育を見ていただくと、学校教育を科学的に行うということがどういうことなのかを理解していただけると思います。

この教育科学という観点から見ると、今回進められている「特別の教科道徳」の内容は貧弱すぎます。目指すべき多くの内容項目がエビデンスなく並列的に設定され、採用予定の教育方法もエビデンスがありません。また、数値で表現しないということですが、教育の評価をどのようにするのか何の科学性も見えません。新規の教育は、決してこのような教育にはなってほしくないという悪い見本です。

この節の最後にとっておきのデータをお見せします（**図５-８**）[5]。小学４年生に「自己信頼心（自信）の育成」の授業を１か月ほど実施した場合の自尊感情の変化です。ご覧ください。潜在連合テストによる自律的自尊感情は、男女ともに教育後に統計上高まっています。ところが、ローゼンバーグの質問紙による自尊感情は男女ともに下降しています（統計上は変化なし）。この教育の効果と潜在連合テストの実際の適用の意義が分かっていただけましたか？

＊何かを行ってそれが効果があったかどうかを確かめる科学的な方法は無作為化比較試験（Randomized Controlled Trial: RCT）になる。そこでは、効果を見たい方法を適用したグループと適用しないグループを無作為に設定し、適用前後の変化を両グループで比較する。両グループは方法を適用するかどうか以外は同じ（等質）になる必要があり、また両グループは、効果があると結論したい母集団を歪みなく代表させる必要がある。もちろんこの場合、効果を測定する尺度は信頼性と妥当性が高い尺度でなければならない。

日本人は不幸である　―間違いだらけの人生を憂う―

個を犠牲にして集団の目標を優先する国といわれる日本は、自律的自尊感情が低い可能性があります。自分を信頼でき、他者を信頼でき、その上で自分のやりたいことをやる自律的自尊感情が高い人は幸福な人生を過ごせることが想像されます。ということは、日本人はさぞかし幸福感が低いということになるでしょう。

図5－9は、さまざまな感情経験頻度の国際比較研究の結果です(6)。この研究では、1週間にわたって2～3時間の間隔でモバイル端末器からアラームが鳴り、その時点でのさまざまな感情経験の度合いを評価してもらいました。図は、そのうち、「幸せな」と「心配した」の気持ちについてどれほど経験したか（少しでも感じた場合、経験したとする）の1週間での経験率（%）を示しています。図から明らかなように、日本人は「幸せな」気持ちを感じる頻度が最も低く、「心配した」気持ちを感じる頻度が2番目に高くなっています。

何が幸福かは人それぞれといいますが、普通は決してそうではありません。まず、健康でなければ幸福にはなれません。それに、社会生活をする私たちは、他人との交わりに安らぎを感じることができなければ幸福にはなれません。この上に、自分がやりたいことをして、自分だ

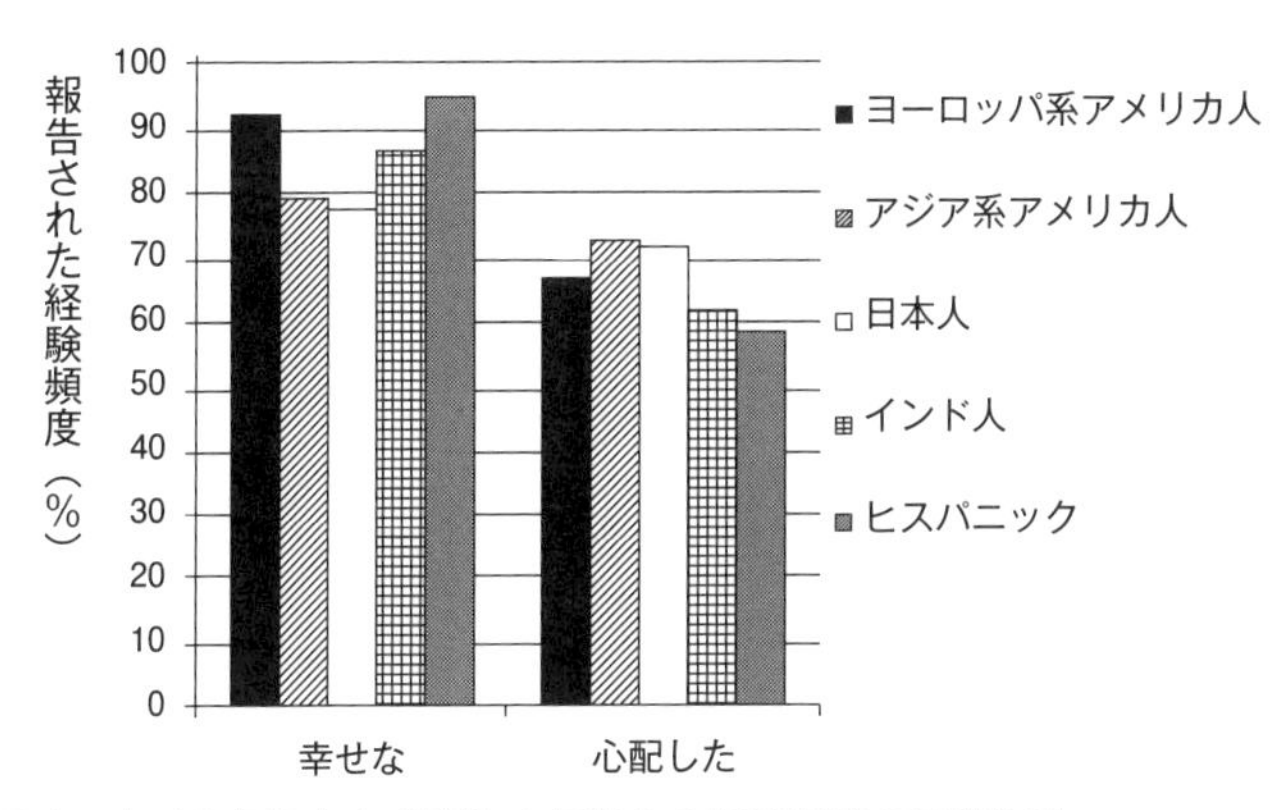

図 5-9　幸せな気持ちと心配した気持ちの経験頻度の国際比較

(Scollon et al., 2004 [6] より作成)

けのものを創っていくことができれば幸福度はさらに上がります。この条件を満たせるのが自律的自尊感情になるのです。まさに、「幸せになる心」の中心です。

ここで言っておきたいことは、物質的な豊かさは幸福につながるわけではないということです。心理学者で初めてノーベル賞（経済学賞）をとったプリンストン大学のカーネマン博士は、年収が高いほど幸せになるとはいえず、衣食住の基本的な欲求が満たされれば、それ以上の収入は幸福感を高めないとしています[7]。アメリカの大富豪とマサイ族とアーミッシュ＊は経済的な裕福さがまったく違いますが、幸福感の主要な要素である生活満足感はそれほど違いはありません（順に、7点満点で5・8、5・4、5・1）[8]。

図５-10をご覧ください。これはドイツ人４万人とイギリス人２万７０００人ほどを10年以上毎年調査した結果です[9]。結婚、配偶者との死別、配偶者との離

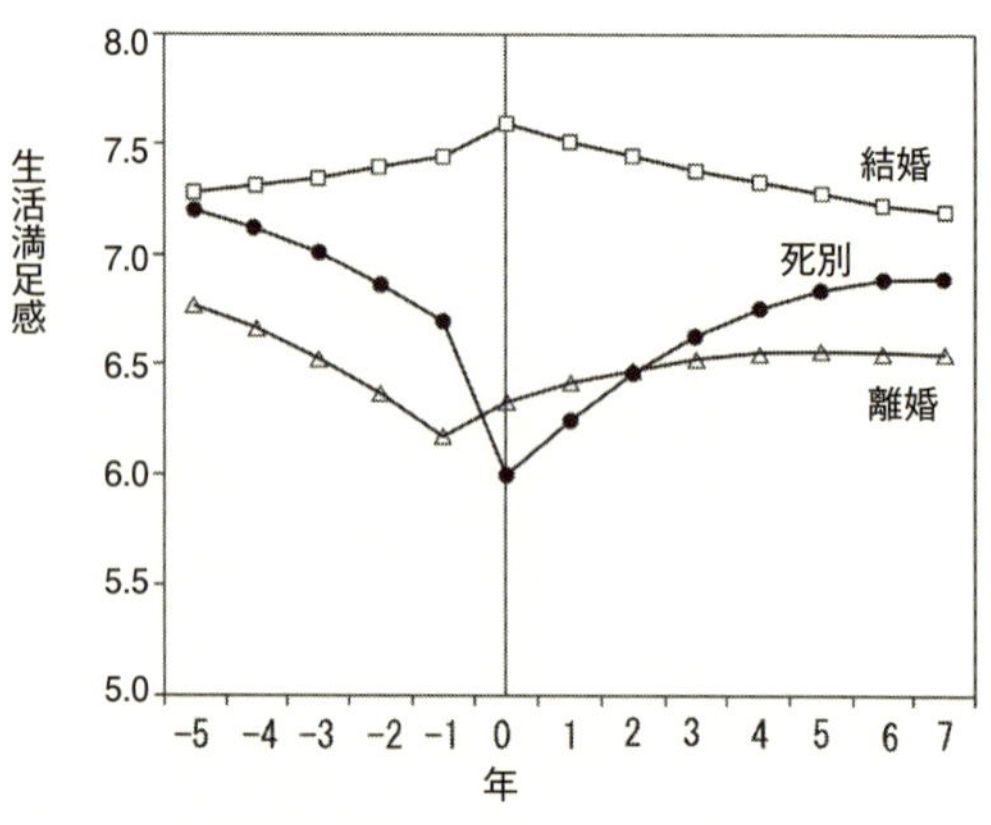

図 5-10　結婚等の前後の状態が生活満足感に及ぼす影響

（Lucas, 2005[9] より作成）

注：横軸の 0 は事象（結婚した，配偶者が亡くなった，配偶者と離婚した）が起きた時点で，それから前後の年数が刻まれている。

婚という婚姻生活にかかわる三つの出来事が起こる前後の生活満足感の変化が示されています。

図から、次のことが分かります。結婚したときはそのときが一番幸せで、その後は結婚の５年ほど前と同じレベルまで落ち込みます。死別は逆にそのときが一番不幸ですが、やがて５年前と同じほどのレベルまで上昇します。離婚は離婚する１年前あたりが一番不幸ですが、離婚を境に５年ほど前のレベル近くまで上昇します。

この結果は実に印象的です。何が印象的かというと、人生のさまざまな出来事を経験し人の幸福度は大きく変化しますが、出来事による変化は一時的なもので、ほどなく各人がもつお決まりのポイント（セット・ポイント）の水準にまで立ち戻るということです。この現象は「セット・ポイント仮説」と呼ばれています。

このセット・ポイントを高く形作る最大の要因が良好な性格、中でも自律的自尊感情であることが予想されます。自律的自尊感情は人の心の状態のベースとしての立ち戻り点です。このセット・ポイントが高いほど、人生全体を見ると幸福に包まれます。

このことを、どれほどの人が知っているでしょうか。誰もが幸せになろうとします。しかし、一時的に得た幸せは泡のようにはかなく消えます。その幸せを確たるものにするのが、このようなベースとしての性格なのです。家庭での子どもの養育、学校での教育、そして成人後の日々の活動、そのすべてが間違いだらけではありませんか？

＊アーミッシュは、アメリカ合衆国やカナダの一部の地域に居住するドイツ系移民の宗教集団である。移民当時の生活様式を保持し、農耕や牧畜によって時給自足の生活をしていることで知られる。

他律的自尊感情の権化、タイプA人間の生きざま

現代人の自尊感情は、他律的な方向に大きく傾いています。それもそのはずで、集団生活を余儀なくされる私たちは相対的に（他の人と比較され）生活しています。小学校の運動会のかけっこで一等賞をとった、あの子は進学校に入ったが自分はすべり止めの私立学校どまり、会社での顧客獲得数が同期では真ん中あたり……。他の人と比較されずに生活することなど無理な

ことはすぐに分かります。このような比較は生まれてすぐから起こります。他の子より体重が重い、髪の毛が多い、目鼻立ちがしっかりしていると、まるで品評会のようです。

このような競争社会で生きる私たちの性格は、当然偏ることが多くなります。その例の最たるものが他律的自尊感情ですが、この他律的自尊感情が高まった一つの性格タイプに「タイプA人間」があります。タイプAはアメリカで1950年代の終わりに発見された行動パターンです(10)。その後、行動だけでなく、ものの見方、考え方、感じ方のすべてにわたる特徴、つまり、性格全体の特徴ということになりました。

その行動パターンは、まさに生き急いでいるという特徴があり、競争的で、他人に対して敵意をもつことが多く、日々精力的に活動する、ということがすべてそろっています。このタイプAの性格は、アメリカでは死因としてナンバー・ワンの冠状動脈性心臓病をもたらすということで一躍人々の注目の的になりました。

図5-11は、アメリカの白人中年男性3500人ほどにインタビューをして、タイプAであるか、またはタイプAとは正反対の性格をもつタイプBかを調べました。その人たちが8年半後にどれほどの人数、心筋梗塞や狭心症、それにそれらを足し合わせた冠状動脈性心臓病にかかったかを示しています(11)。いずれの病気でも、タイプAの者はタイプBの者よりも2倍以上その病気にかかっていることが分かります。

そしてさらに悪いことに、このタイプＡ人間の問題は身体の病気にとどまらず、精神的な病気ではうつ病になりやすくなります。タイプＡ人間は要求水準が高く、実際の実行水準がそれを下回るので失敗（感）の連続になり、しだいにうつ病になるいうメカニズムも提起されています[12]。

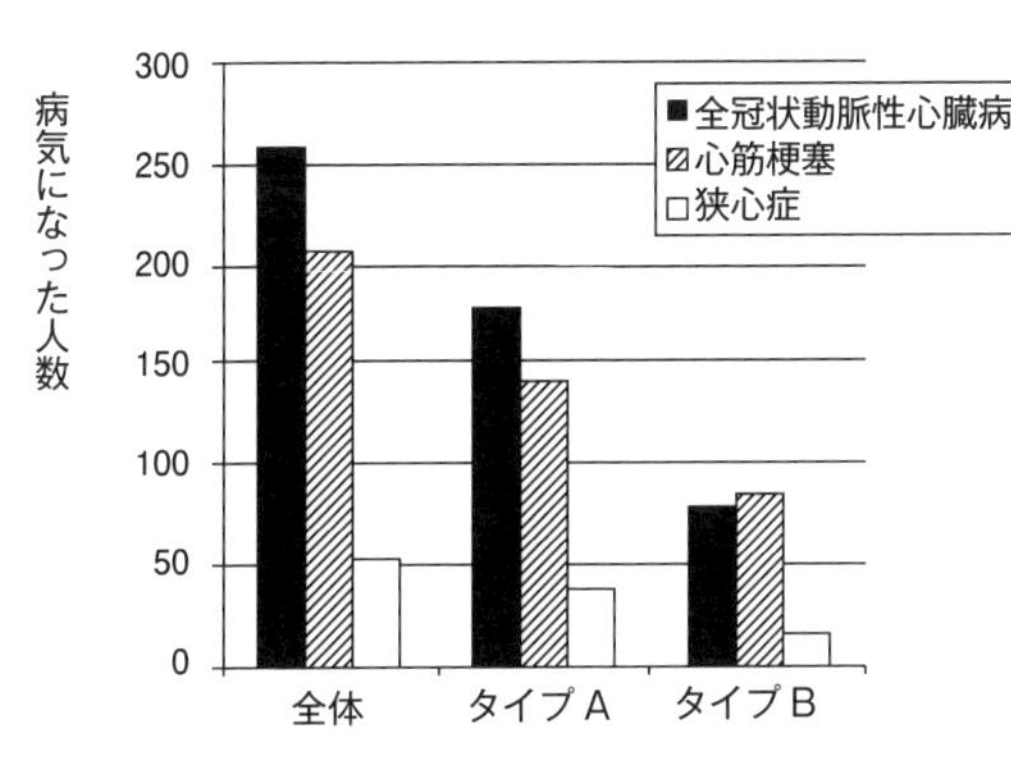

図 5-11　タイプＡとタイプＢで冠状動脈性心臓病にかかった人数

（Rosenman et al., 1975 [11] より作成）

タイプＡの発見者の一人であるサンフランシスコの心臓病医のフリードマン博士は、文豪ヘミングウェイはタイプＡの典型であったといっています[13]。ノーベル文学賞に輝き、この世の栄華の最高峰を極めたかに見えた彼もけっして満たされることはなかったのでしょう。彼の求めていたものは常に彼の得るものを凌ぐ高さにあり、不満足の連続であったと想像されます。その姿は不朽の名作『老人と海』に見え隠れし、夢を求めてやまない彼の野心をそこに感じ取ることができます。そしてその最期が、うつ状態になり猟銃での自殺であったことはタイプＡ人間の悲劇を物語っています。

他にも問題は山積みで、単純作業はお手のものだが創造力や判断の鋭さに欠ける、疲労や痛みなど身体的感覚を抑制し病気の発見が遅れる、夫婦関係の満足度が低い、リラックスしてよいときにできないなどいろいろです。この広範囲に及ぶタイプA人間の問題性は、一時期10年ほどにわたりタイプAの研究に没頭した私が一般向けに書籍を出しているので、そちらを参照いただくとよく分かります(14、15)。

このタイプA人間は高い他律的自尊感情の典型ですが、他律的自尊感情はまったくなくてよいというわけではありません。これは競争社会の中で相対的に生きる者の宿命であり、社会生活に適応するという点で必要だと考えられます。しかし、現代社会は競争や他者との比較の中、どうしても他律的自尊感情を高めすぎます。自然と高まってしまうのです。私が他律的自尊感情も大切であると簡単にはいいたくないのは、そんなものは放っておいても育ってしまうからです。問題の大きさだけを強調しておいた方が、ほどよい育成をもたらすことでしょう。

データはないのですが、私は自律的自尊感情3、他律的自尊感情1ぐらいの割合が、健康で幸多く生活するためには頃合なのでは、と日々の人間観察から感じています。

子どもたちを全力で守る、それが親と教師の使命じゃないか

この本ではこれまでに、自尊感情の歴史から、それが否定された後に再生される方向を、自律的自尊感情という新しい自尊感情の概念に焦点を当てて見てきました。

この自律的自尊感情は、幼い頃にその基盤ができあがり、その後の心身健康で幸多い人生を保証する性格になることも紹介しました。これほど大切な自律的自尊感情ですが、これまで示された自尊感情の効用が否定されてもその育成が止められることがないように、科学的根拠をもって導かれた自律的自尊感情も世間からは無視され続けるのでしょうか。ガリレオが宗教裁判で有罪の宣告を受けたときに「それでも地球は動いている」と捨てゼリフを発したように、「それでも自律的自尊感情が私たちを救う」とでも言って泣き寝入りするしかないのでしょうか。

いやいや、それでは人類があまりにもみじめです。また、現代人は少しは賢くなっていて、科学的に証明された自律的自尊感情に目を向けることを信じたい気持ちでいっぱいです。

そこで最後に、自律的自尊感情を育むという観点で見た子育てや教育の間違いを簡単に指摘しておきます。子育てや学校教育のことをくわしく書く本ではないので、そのエッセンスだけ

にとどめておきます。

まず家庭での子育てです。人生の最初の頃（目安は2歳頃まで）は、無条件の愛をもって子どもに接しましょう。子どもが求めること（空腹を満たしたいなど生理的欲求が中心ですが）を思う存分満たしてあげましょう。母親の会などに呼ばれてこう話すと質問を受けます。「先生、そんなことをしたら子どもは甘えん坊になりませんか？」と。

私はすかさず、「甘えん坊になります」と平気な顔で答え、一瞬怪訝な顔をされた質問者に、「お母さん、子どもの発達ではそれぞれの段階で百点満点をとろうとしてはいけません。甘えん坊にならないようにすることなどは、次の発達段階の課題になり、後で考えればよいことです。この時期は、自分に自信をもって、他人を信頼して、自分らしく生きることができる子どもを目指してください」とたたみかけます。

臨床心理学では、「独立は依存によって達成される」という名言があります。人生の最初の時期に、特定の大人にベタベタに依存することが後のひとり立ちを保証するのです。このことの大切さは、いくら強調しても強調しすぎるということはありません。

さて、幼い子どももやがて小学校に入ります。自律的自尊感情の形成はほとんどの子どもが中途半端です。他律的自尊感情の方が強くなっている児童も多いことでしょう。あるいは、どちらの自尊感情も低くなっている無気力型の児童もよく見られます。

小学校の先生は、学級王国と揶揄されるように、クラスの子どもを囲い込みます。これは、ある意味チャンスでもあります。家庭での親子の関係が再現できるチャンスです。しかし問題があります。それは学級内の児童数が多すぎることです。なかなか個別の児童に母親のような愛情を注ぐことはむずかしいかもしれません。

それに、先生は自律的自尊感情の存在や大切さをまだ知りません。小学校の子どもは、全般的に自分に自信をなくしておとなしい存在です。それは幼児期に始まる過度なしつけのためです。そのおとなしさを逆手にとって、子どもたちをコントロールして悦に入っている先生が多いことが危険です。それでは問題が先送りされ、中学校の先生がたいへんな状況に追い込まれてしまいます。

この時期になんとかしなければ、その後に自律的自尊感情の欠如をカバーすることはむずかしくなります。学校の先生は自律的自尊感情の存在と大切さを知って、あまりないようでも結構ある、学校での児童への個別のかかわりに母なるものの愛情を注ぎましょう。授業中でも言葉がけ一つ、顔の表情一つで、効果的な自律的自尊感情の育成へと向かわせることができます。

例えば、授業中に個人間の競争を助長するような言葉がけはありませんか？　ほめ方でも、集団で個人をほめることは他の児童には罰を与えていることになるかもしれません。この本は具体的にどうすればよいのかということをお話しする目的をもちませんが、身につけてほしい話し方、立ち居振る舞いが多数あるのです。何も紹介しないのも不親切なので、古いものですが、アメリカの心理学者ギノット博士による書籍を参考までに紹介しておきます(16)。自律的自尊感情を頭に入れた本ではありませんが、現時点で読んでも学校での自律的自尊感情の育成に役立ちます。

とはいえ、この本でも直接お話ししておきたいことがあります。それは、子どもは本来、みずから正しい方向に伸びていく力があるということです。自己成就力といってもよいでしょう。子どもが間違った行動に出ている場合は、この力が一時的に発揮できないように覆いがかぶさっているような状況です。そのような状況で、子どもの手を取り「こっちにおいで」と引っ張るような教育はやめましょう。一時的に行動の修正ができても、子どもは何も変わりません。子どもみずからが考え、正しい方向に歩む力が出るように働きかけをします。

そのためには、子どもの話をよく聞くという傾聴や、子どもの正しい動きのかけらが出るのを辛抱強く待ってそれを認めていく姿勢が大切です。それに、子どもとよく話をして先生も子どもも納得できる決定をすることも大切になります。自律的自尊感情が欠如し、攻撃的になったり依存・消極的になっても、小学生はまだまだ軌道修正する力があり、学校の先生はその手助けをしたいものです。

もちろん、先生一人の言動だけで自律的自尊感情を育成することには限度がありますから、この本でも紹介したトップ・セルフなどの予防教育も積極的に取り入れてください。

幸せの青い鳥、すべての人に舞い降りよ

さて話は飛び、子どもたちはなんとか社会人になりました。会社にも入り、結婚もすることでしょう。もしここで自律的自尊感情が低いままだと、たいへん困ったことになります。それは大人になってしまった分だけ、その育成がむずかしくなるからです。その形成の主舞台である乳幼児期から離れるほど、思うようにいかなくなるのです。

それでも不可能ではないのは、人間の大きな可塑性のおかげです。しかし、むずかしくなるのは間違いないので、このような書籍を読んで自律的自尊感情のことを十分に知っていただき、自分でコントロールするしかありません。コントロールの方向は、相対的に他の人と比較の上で生きている自分に気づき、その行動を変えるのです。意識的な力は限界がありますが、微力でもやってみないよりはましです。

自律的自尊感情の専門家にコントロールしてもらうことも考えたいものですが、今のところ、そのようなクリニックなどはありません。大人で自律的自尊感情を育成する方法の研究は、これから始まるという状況です。問題を指摘するだけでは気が引けますが、早く研究が進むこと

を祈るばかりです。

しかし、自分自身に表立って問題を感じていなければ、なかなか自分を変えることなど考えないでしょう。ポイントは、社会人になって最初、結婚して数年後、そして中年期以降です。これらの時期には、他律的自尊感情が高いと、健康上あるいは適応上の問題が出てくるからです。社会人になれば職場での対人上のストレスが強まり、結婚すれば結婚生活上のストレスや離婚の危機に見舞われ、そして中年期以降になれば生活習慣病にかかり苦しむことがよく見られます。

このようなトラブルに遭遇したときは、そのほとんどの原因は自律的自尊感情が低いことによると思ってください。逆にいえば、他律的自尊感情が高すぎることによります。表面上は他の原因があっても、元を正せば自律的自尊感情が低いことから来ていることがほとんどです。

性格は人の行動を決定します。そして、決定され実行される行動に問題があれば、その積み重ねが問題を大きくしていきます。この場合の行動は、ものの見方や感じ方、それに考え方など人の営みのすべてを指します。そして、その性格の基盤が自律的自尊感情なのです。

何が人の健康や安寧を阻害しているかは、うわべだけを見ていると本当の原因になかなか行き着きません。本当の原因を取り除かなければ、モグラ叩きのように問題は再発します。その原因の根本に自律的自尊感情があるのです。

誕生から、学校や大学生活の生活が始まり、やがて社会人として自立し、結婚し、中年から老年、そして死へと人生は連なります。この死までの人生の移ろいを心楽しいものにするもしないも、この自律的自尊感情の高まりにかかっていることを忘れないでください。

幸せの青い鳥が誰にも舞い降りますように！　この本は、そのことを心より願って、科学の息吹のもと本当に大切な自尊感情の話をしてきました。間違いのない子育て、教育、そして、成人としての生活――この本をきっかけに真剣に考えてみてください。

あとがき

この本が出版される前から、論文や学会発表、それにシンポジウムや講演会などで「自律的自尊感情」と「他律的自尊感情」の考えを世に知らせてきました。

そこで感じたことは、この新概念が受け入れられるかどうかは、自律的自尊感情はほぼ非意識のままでしか測れない、ということへの理解にかかっているということでした。私たちはその証拠を幾重にも提示し、理解を得ることに努めてきたつもりです。

しかし、当然ですが、私たちは意識できることしか意識できないのです。頭で理解しても、なかなか「なるほど」と心底納得していただくことはむずかしいと感じていました。これまでの自尊感情がその効用を否定されながらも、研究や教育の対象となり続けてきたのもちょうど同じ理由からです。意識の奥底に刻まれた「自尊感情は大切だ」という思いはなかなか打ち破ることができなかったのです。

しかし、これではいけません。とりわけ、自尊感情の扱いの間違いは、自律的自尊感情の扱いの間違いにつながり、将来ある子どもたちを知らず知らずに歪めてしまいます。学校では、良かれと信じて自尊感情を測定し、育成しています。しかし、その対象はほぼ他律的自尊感情で、健康上も適応上も大きな問題をもった自尊感情になります。残念ですが、有害な薬を良いと信じて飲み続けるという状態が長らく続いています。薬の服作用が出てから、あの薬は間違いだったと気づくのでしょうね。そのとき犠牲になる子どもたちのことを思うと焦ってしまいます。

しかも、自尊感情の育成の間違いは、じわじわと広範囲に悪影響を及ぼし、目立って問題が出るときには、すでに上の学校に行っていたり、問題があった自尊感情の扱いが原因になっていることなどとうに忘れられていることでしょう。医療でもよくこういうことが起こりますが、学校教育ではそういうことは起こってほしくはありません。

私は、心理学や行動医学の学問領域から研究を進める大学の研究者です。同時に、問題をもつ前に子どもをなんとかしようと、予防教育を小、中、高校で展開する教育者でもあります。そして大学では、大学生や大学院生とも一緒に過ごしています。学校の先生がたとは頻繁に交流し、社会人のみなさんに講演で接することも少なくありません。

つまり、さまざまな職業や年代の人たちに接して研究と教育を重ねてきました。こうして、多様なかかわりをもって、自律的自尊感情が低下することの問題の大きさを痛感します。その悪影響は、広い年齢層に広がっているのです。そう考えると、その低下をなんとかしようとする試みも加速します。

基礎研究と教育実践の両輪を走らせる私は、科学的な根拠をもって自律的自尊感情の存在を示し、測定し、そして教育の正しい在り方を伝えていきたいと願っています。本書が、その願いを実現するために先頭に立てる内容をもって出版されたことは、これ以上なく心強く感じています。

しかし、心残りもあります。書きたいことの半分も書けていないという思いがあるのです。そのことを分かっていながら、断腸の思いで割愛したことが多くあります。その理由は、それらを書き込めば、書籍の内容が重くなるばかりで、全体のスムーズな流れが断ち切られてしまうことを恐れたからです。多くの方に負担なく読んでいただくことが目的でしたから、まずはこれで良かったと思わなければならないでしょう。

大きく書き残したことは、まず他律的自尊感情のことです。その測定方法がいかにあるべきかを、実際の測定方法を示しながら提示したかったと思います。なぜ、既存の他律的（随伴性）自尊感情の尺度が問題なのか。その問題を克服するためにはどうしたらよいのか。その説明を省きました。また、このこととも関連するのですが、本書では他律的自尊感情は随伴性自尊感情とほぼ同じと書きましたが、細かく見ると違います。今後領域別の他律的自尊感情の尺度を作成する予定ですが、その違いはそのときには前面に出す必要があるでしょう。

また、自律的自尊感情の教育も、他書にその詳細があり、その参照は行ったとはいえ、この本の中でもう少し紹介をしたかったと思います。それに、成人後の自律的自尊感情の育成については、目下はその方法がないとはいえ、少しぞんざいな書き方をしてしまったかもしれません。科学的根拠が薄いことから、仕方がないといえば仕方のないことでしたが……。

しかし、欲張らない方がよいでしょうね。今後その紹介の機会があるはずです。そう考えると、本書の出来映えにはたいそう満足しているという思いがふつふつと沸いてきて、心地のよい成就感に包まれます。

その心地のよさに浸っていると、感謝の念がじわじわとわき起こってきました。この本の完成に至るまでには、どれほど多くの方からご援助をいただいたことか。まず名前を挙げたいのは、同じ鳴門教育大学の同僚である内田香奈子准教授です。原稿がなんとか形になったころから、最初から最後まで丁寧に原稿をチェックし、疑問点や改稿案をいただきました。おかげで原稿がずいぶん良くなりました。内田氏は、日頃から予防教育を一緒に進める仲間でもあり、私の考えていることや伝えたいことをよく知った上でのアドバイスは的確この上ないものでした。また、私の研究室の大学院博士課程に在籍する横嶋敬行氏と賀屋育子氏にもすべての原稿を繰り返し読んでもらいました。2人は、自尊感情を研究テーマにして博論に取り組んでいて、専門の立場から鋭い指摘をしてくれました。私が指導教員とはいえ、博士課程での2人の研究は、同じ研究者として刺激されるコンテンツに満ちています。

そして、福村出版社長の宮下基幸氏と編集部の石川恵理氏に御礼を申し上げたいと思います。これまでほとんどご縁のなかったこの出版社に出版をお願いしたきっかけは、今年届いた年賀状でした。そこには、新生福村出版の十年を迎えるにあたり、出版の理念と可能性を追求する、と書かれていました。「出版の理念と可能性の追求」の言葉になぜか惹かれたのです。宮下社長には、出来上がった原稿の読了後、「おもしろい」と出版を即決していただきました。どこかで波長がピタッと合ったように感じ、喜びとともに心から感謝したことを覚えています。石川氏には完成原稿の入稿後にお世話になりましたが、迅速で的確なご対応のもと、実にスムーズに、また気持ちよく作業が進みました。私からの要望も無理なく受け入れていただきました。感謝の念に堪えません。

また、本書に結実した成果は、学校や教育委員会の先生がた、児童生徒のみなさん、そして、学会などでご協力いただいた研究者のみなさん、私の大学院修士課程の学生のみなさんのおかげでもあります。ご援助の数々を振り返りながら、お世話になった皆様に心より感謝いたします。私の日々の研究や教育の活動への家族の支えも忘れることはできません。

こうして、本書が誕生しました。しかしそれはひな鳥のようなもので、育みへの十分なサポートがなければ、多くの人に読んでいただき、幸多い教育と人生に寄与する度合いも低いまでしょう。今後は本書を前面に出しながら、講演や研修会、もちろん研究界でも多くの方と対話ができる場を設けながら、この本の夢である、自律的自尊感情にあふれる社会を実現していきたい、との決意を新たにしているところです。

平成29年7月吉日　「あるがままの自信」に勇気を得て　山崎　勝之

（12）Krantz, D. S., Glass, D. C., & Snyder, M. L.（1974）. Helplessness, stress level, and the coronary-prone behavior pattern. *Journal of Experimental Social Psychology, 10,* 284-300.

（13）Friedman, M., & Ulmer, D.（1984）. *Treating Type A behavior and your heart.* New York: Alfred A. Knopf. タイプAについて一般向けに書かれた書籍で，タイプAの多面にわたる問題に触れることができる。

（14）山崎勝之（編）（1995）. タイプAからみた世界―ストレスの知られざる姿　現代のエスプリ No. 337.　当時のタイプAの心理学研究者を中心に執筆された。

（15）福西勇夫・山崎勝之（編）（1995）. ハートをむしばむ性格と行動―タイプAから見た健康へのデザイン　星和書店　当時のタイプAの医学研究者を中心に執筆された。

（16）Ginott, G. H.（1975）. *Teacher and child: A book for parents and teachers.* New York: Macmillan. 久富節子（訳）（1983）. 先生と生徒の人間関係―心が通じ合うために　サイマル出版会　この出版社は廃業したようだが，この本の入手は可能である。

論と目標構成を紹介した書籍。

(5) 横嶋敬行・賀屋育子・内田香奈子・山崎勝之 (2017). ユニバーサル学校予防教育「自己信頼心（自信）の育成」プログラムの効果—児童用紙筆版セルフ・エスティーム潜在連合テストを用いた教育効果の検討　投稿中

(6) Scollon, C., Diener, E., Oishi, S., & Biswas-Diener, R. (2004). Emotions across cultures and methods. *Journal of Cross-cultural Psychology, 35*, 304–326.

(7) Kahneman, D., Krueger, A. B., Schkade, D., Schwarz, N., & Stone, A. A. (2006). Would you be happier if your were richer? A focusing illusion. *Science, 312*, 1908–1910.　心理学者で初めてノーベル賞（経済学賞）を受賞したカーネマン博士らのエレガントな研究方法が見られる。

(8) Biswas-Diener, R. (2008). Material wealth and subjective well-being. In M. Eid, & R. J. Larsen (Eds.), *The Science of subjective well-being* (pp. 307–322). New York: Gruilford.

(9) Lucas, R. E. (2007). Adaptation and the set-point model of subjective well-being: Does happiness change after major life events? *Current Directions in Psychological Science, 16*, 75–79.

(10) Friedman, M., & Rosenman, R. H. (1959). Association of specific overt behavior pattern with blood and cardiovascular findings. *Journal of the American Medical Association, 169*, 1286–1296.　タイプＡの最初の論文としてよく引用される。

(11) Rosenman, R. H., Brand, R. J., Jenkins, C. D., Friedman, M., Straus, R., & Wurm, M. (1975). Coronary heart disease in the Western Collaborative Group Study: Final follow-up experience of eight and a half years. *Journal of the American Medical Association, 233*, 872–877.

group: Cultural status can disrupt cognitive consistency. *Social Cognition, 23,* 353-386.
(8) Zeigler-Hill, V., & Jordan, C. H. (2010). Two faces of self-esteem: Implicit and explicit forms of self-esteem. In B. Gawronski, & B. K. Payne (Eds.) (2010). *Handbook of implicit social cognition: Measurement, theory, and applications* (pp. 392-407). New York: Guilford Press.
(9) Karpinski, A. (2004). Measuring self-esteem using the Implicit Association Test: The role of the other. *Personality and Social Psychology Bulletin, 30,* 22-34.
(10) 横嶋敬行・内山有美・内田香奈子・山崎勝之 (2017). 児童用の紙筆版自尊感情潜在連合テストの開発—信頼性ならびにRosenberg自尊感情尺度と教師による児童評定を用いた妥当性の検討　教育実践学論集, *18,* 1-13. とりわけ妥当性の検討は秀逸な方法をとっていて，自律的自尊感情を測定するIATの妥当性が見事に証明されている。

第5章

(1) 山崎勝之 (2013). トップ・セルフの教育目標　鳴門教育大学予防教育科学センター編　予防教育科学に基づく「新しい学校予防教育」(pp. 17-47)　鳴門教育大学　次の (2) とともに，依存・消極的な場合と攻撃的な場合の心身の健康問題について過去の研究がまとめられている。
(2) 山崎勝之・倉掛正弘・内田香奈子・勝間理沙 (2007). うつ病予防教育—小学校から始めるメンタルヘルス・プログラム　東山書房
(3) 山崎勝之　(2015). 「学校予防教育」とは何か　鳴門教育大学
(4) 鳴門教育大学予防教育科学センター (編) (2013). 予防教育科学に基づく「新しい学校予防教育」(第2版)　鳴門教育大学　非意識と意識の連動から子どもたちを強く惹きつけて授業を進める新教育の理

國屋書店　次の（26）とともに，意識の機能について理論と実証的研究を融合させた画期的な近年の書籍である。

（26）Massimini, M., & Tononi, G. (2013). *Nulla di più grande: Dalla veglia al sonno, dal coma al sogno. Il segreto della coscienza e la sua misura.* Milano: Baldini & Castoldi.　花本知子（訳）(2015).　意識はいつ生まれるのか―脳の謎に挑む統合情報理論　亜紀書房

第４章

（1）Mimura, C., & Griffiths, P. (2007). A Japanese version of the Rosenberg Self-Esteem Scale: Translation and equivalence assessment. *Journal of Psychosomatic Research, 62*, 589-594.

（2）内田知宏・上埜高志（2010). Rosenberg 自尊感情尺度の信頼性と妥当性の検討― Mimura & Griffiths 訳の日本語版を用いて　東北大学大学院教育学研究科研究年報，*58*，257-266.

（3）Kernis, M. H. (2003). Toward a conceptualization of optimal self-esteem. *Psychological Inquiry, 14*, 1-26.

（4）賀屋育子・山口悟史・横嶋敬行・内田香奈子・山崎勝之（2017). 児童用の他律的（随伴性）セルフ・エスティーム尺度の開発―尺度の信頼性と妥当性の検討，そして教育への適用の考察　投稿中

（5）Ackerman, S. J., Hilsenroth, M. J., Clemence, A. J., Weatherill, R., & Fowler, J. C. (2001). Convergent validity of Rorschach and TAT scales of object relations. *Journal of Personality Assessment, 77*, 295-306.

（6）Greenwald, A. G., & Banaji, M. R. (1995). Implicit social cognition: Attitudes, self-esteem, and stereotypes. *Psychological Review, 102*, 4-27.　IAT の紹介として最初に引用されることが多い論文である。

（7）Lane, K. A., Mitchell, J. P., & Banaji, M. R. (2005). Me and my

らの感じとは異なり一般向けの書籍ではないが一読されたい。衝撃的な実験が紹介されている。

(20) Obhi, S. S., & Haggard, P. (2004). Free will and free won't: Motor activity in the brain precedes our awareness of the intention to move, so how is it that we perceive control? *American Scientist, 92*, 358-365.

(21) Blackmore, S. (2005). Conversations on consciousness: Interviews with twenty minds. Oxford, UK: Oxford University Press. 山形浩生・守岡　桜（訳）(2009).「意識」を語る　NTT 出版　著者は研究者ではなく，サイエンス・ライターといえる。それにしても，第一線で活躍する意識の研究者を 20 人も集めた対人交渉力は立派である。

(22) 山崎勝之・内田香奈子・横嶋敬行・内山有美 (2016). 無意識と意識，そして，インプリシット心的特徴　鳴門教育大学研究紀要, *31*, 1-18.

(23) J. A. Bargh (Ed.) (2007). *Social Psychology and the unconscious: The automaticity of higher mental processes* (pp. 51-132). New York: Psychology Press.　及川昌典・木村　晴・北村英哉（編訳）(2009). 無意識と社会心理学—高次心理過程の自動性　ナカニシヤ出版　全訳ではなく，一部の章は割愛されている。

(24) Dijksterhuis, A., Chartrand, T. L., & Aarts, H. (2007). Effects of priming and perception on social behavior and goal pursuit. In J. A. Bargh (Ed.) (2007). *Social Psychology and the unconscious: The automaticity of higher mental processes* (pp. 51-132). New York: Psychology Press. (23) の翻訳本も参照のこと。

(25) Dehaene, S. (2014). *Consciousness and the brain: Deciphering how the brain codes our thoughts*. New York: Viking Press.　高橋洋（訳）(2015).　意識と脳—思考はいかにコード化されるか　紀伊

(1992). Was the Duchess of Windsor right? A cross-cultural review of the socioecology of ideals of female body shape. *Ethology and Sociobiology, 13,* 197–227.

(13) Miller, S. L., & Maner, J. K. (2011). Ovulation as a male mating prime: Subtle signs of women's fertility influence men's mating cognition and behavior. *Journal of Personality and Social Psychology, 100,* 295–308.

(14) Kenrick, D. T., & Griskevicius, V. (2013). The rational animal: How evolution made us smarter than we think. New York: Basic Books. 熊谷淳子（訳）(2015). きみの脳はなぜ「愚かな選択」をしてしまうのか―意思決定の進化論　講談社

(15) Roberts, S. C., Havlicek, J., Flegr, J., Hruskova, M., Little, A. C., Jones, B. C., Perrett, D. I., & Petrie, M. (2004). Female facial attractiveness increases during the fertile phase of the menstrual cycle. *Proceedings of the Royal Society B: Biological Sciences, 271,* 270–272.

(16) Miller, G., Tybur, J. M., & Jordan, B. D. (2007). Ovulatory cycle effects on tip earnings by lap dancers: Economic evidence for human estrus? *Evolution and Human Behavior, 28,* 375–381.

(17) Bechara, A., Damasio, A. R., Damasiom, H., & Anderson, S. W. (1994). Insensitivity to future consequences following damage to human prefrontal cortex. *Cognition, 50,* 7–15.

(18) Bechara, A., Tranel, D., Damasio, H., & Damasio, A. R. (1996). Failure to respond autonomically to anticipated future outcomes following damage to prefrontal cortex. *Cerebral Cortex, 6,* 215–225.

(19) Libet, B. (2004). Mind time: The temporal factor in consciousness. Cambridge, MA: Harvard University Press.　下條信輔（訳）(2005). マインド・タイム―脳と意識の時間　岩波書店　タイトルか

しらずしらず―あなたの9割を支配する「無意識」を科学する　ダイヤモンド社
(4) 下條信輔 (1996). サブリミナル・マインド―潜在的人間観のゆくえ　中公新書
(5) North, A. C., Hargreaves, D. J., & McKendrick, J. (1997). In-store music affects product choice. *Nature, 390,* 132.
(6) Laird, D. A. (1932). How the consumer estimates quality by subconscious sensory impressions. *Journal of Applied Psychology, 16,* 241-246.
(7) Dutton, D. G., & Aron, A. P. (1974). Some evidence for heightened sexual attraction under conditions of high anxiety. *Journal of Personality and Social Psychology, 30,* 510-517.　あまりにも有名な研究論文で，引用回数が極めて多い。
(8) Jones, J. T., Pelham, B. W., Carvallo, M., & Mirenberg, M. C. (2004). How do I love thee? Let me count the Js: Implicit egotism and interpersonal attraction. *Journal of Personality and Social Psychology, 87,* 665-683.
(9) Byrne, D., & Nelson, D. (1965). Attraction as a linear function of proportion of positive reinforcements. *Journal of Personality and Social Psychology, 1,* 659-663.
(10) Nelson, L. D. (2005). The symptoms of resource scarcity: Judgments of food and finances influence preferences for potential partners. *Psychological Science, 16,* 167-173.　大学キャンパス内での簡単な調査による研究が4つ報告された。アイデア次第で簡単な研究でも貴重な知見を生み出す好例である。
(11) Buss, D. M. (1994). *The evolution of desire: Strategies of human mating.* New York: Basic Books.
(12) Anderson, J. L., Crawford, C. B., Nadeau, J., & Lindberg, T.

門的な紹介も随所にあり，一読されたい。
(24) 山崎勝之 (2015).「学校予防教育」とは何か　鳴門教育大学　筆者らが開発して実践する学校予防教育について一気に読める書籍である。
(25) 鳴門教育大学予防教育科学センター (2013). 予防教育科学に基づく「新しい学校予防教育」(第2版)　鳴門教育大学
(26) 山崎勝之 (2013). トップ・セルフの教育目標　鳴門教育大学予防教育科学センター編 (2013). 予防教育科学に基づく「新しい学校予防教育」(pp. 17-47)　鳴門教育大学
(27) Eysenck, H. J. (1987). Personality as a predictor of cancer and cardiovascular disease, and the application of behaviour therapy in prophylaxis. *European Journal of Psychiatry, 1*, 29-41.
(28) Grossarth-Maticek, R., Eysenck, H. J., & Vetter, H. (1988). Personality type, smoking habit and their interaction as predictors of cancer and coronary heart disease. *Personality and Individual Differences, 9*, 479-495.

第3章

(1) Bargh, J. A., & Chartrand, T. L. (1999). The unbearable automaticity of being. *American Psychologist, 54*, 462-479.　タイトルから分かるように，非意識の絶大な力を実証的に証明したこれまでの研究のレビュー論文である。
(2) Banaji, M. R., & Greenwald, A. G. (2013). Blindspot: Hidden biases of good people. New York: Delacorte Press. 北村英哉・小林知博訳 (2015). 心の中のブラインド・スポット—善良な人々に潜む非意識のバイアス　北大路書房
(3) Mlodinow, L. (2012). *Subliminal: How your unconscious mind rules your behavior*. New York: Pantheon Books. 水谷淳 (訳) (2013).

and problem drinking among male and female college students. *Journal of Alcohol and Drug Education, 42*, 1-14. 女性において飲酒と自尊感情の負の関係が顕著に出た。

（16）山崎勝之（2009）. 正感情と "Finding Positive Meaning" コーピングが健康に及ぼす影響　ふくろう出版　第3, 4, 7章の研究でこの分析方法が使用されている。

（17）Davies, J., & Brember, I. (1999). Reading and mathematics attainments and self-esteem in Years 2 and 6 – an eight-year cross-sectional study. *Educational Studies, 25*, 145-157. 自尊感情は，Lawseqというあまり見かけない質問紙で測定された。

（18）Bowles, T. (1999). Focusing on time orientation to explain adolescent self concept and academic achievement: Part II testing a model. *Journal of Applied Health Behaviour, 1*, 1-8.

（19）Slater, L. (2002, Feb. 3). The trouble with self-esteem. The New York Times. 心は実験できるか―20世紀心理学実験物語（2005）（岩坂彰訳，紀伊國屋書店）など，日本でも翻訳本が出ていて馴染みがある研究者である。

（20）Kernis, M. H. (2003). Toward a conceptualization of optimal self-esteem. *Psychological Inquiry, 14*, 1-26.

（21）Ryan, R. M., & Deci, E. L. (2000). Self-determination theory and the facilitation of intrinsic motivation, social development, and well-being. *American Psychologist, 55*, 68-78.

（22）Deci, E. L., & Ryan, R. M. (1995). Human autonomy: The basis for true self-esteem. In Kernis, M. H. (Ed.), *Efficacy, agency, and self-esteem* (pp. 31-49). New York: Plenum Press.

（23）山崎勝之・横嶋敬行・内田香奈子（2017).「セルフ・エスティーム」の概念と測定法の再構築―セルフ・エスティーム研究刷新への黎明　鳴門教育大学研究紀要，*32*, 1-19. 本書に関連した知見の専

predicts poor health, criminal behavior, and limited economic prospects during adulthood. *Developmental Psychology, 42,* 381–390.

(9) Nirkko, O., Lauroma, M., Siltanen, P., Tuominen, H., & Vanhala, K. (1982). Psychological risk factors related to coronary heart disease. Prospective studies among policemen in Helsinki. *Acta Medica Scandinavica - Supplementun, 660,* 137–146.

(10) Pruessner, J. C., Hellhammer, D. H., & Kirschbaum, D. (1999). Low self-esteem, induced failure and the adrenocortical stress response. *Personality and Individual Differences, 27,* 477–489.　ストレスホルモン（コルチゾール）は唾液から測定された。

(11) Donnellan, M. B., Trzesniewski, K. H., Robins, R. W., Moffitt, T. E., & Caspi, A. (2005). Low self-esteem is related to aggression, antisocial behavior, and delinquency. *Psychological Science, 16,* 328–335.

(12) Kaplan, H. B., Martin, S. S., & Robbins, C. (1984). Pathways to adolescent drug use: Self-derogation, peer influence, weakening of social controls, and early substance use. *Journal of Health and Social Behavior, 25,* 270–289.　薬物使用と自尊感情の関係を肯定する縦断的研究として貴重である。

(13) Marshall, W. L., Anderson, D., & Champagne, F. (1997). Self-esteem and its relationship to sexual offending. *Psychology, Crime & Law, 3,* 161–186.　自尊感情と性犯罪に関連したレビューで，招待論文である。

(14) Pederson, L. L., Koval, J. J., McGrady, G. A., & Tyas, S. L. (1998). The degree and type of relationship between psychosocial variables and smoking status for students in Grade 8: Is there a dose–response relationship? *Preventive Medicine: An International Journal Devoted to Practice and Theory, 27,* May-Jun, 337–347.

(15) Corbin, W. R., McNair, L. D., & Carter, J. (1996). Self-esteem

2冊組だが，第1巻の方。心理学では，これほど頻繁に引用される本は他にない。

（2）Pope, A. W., McHale, S. M., & Craighead, W. E.（1988）. *Self-esteem enhancement with children and adolescents.* New York: Pergamon Press.　高山　巖（監訳），佐藤正二・佐藤容子・前田健一（訳）（1992）. 自尊心の発達と認知行動療法，岩崎学術出版　自尊感情の専門書としては日本で唯一の翻訳本である。一般普及書の翻訳本は多い。

（3）Branden, N.（1969）. *The psychology of self-esteem: A revolutionary approach to self-understanding that launched a new era in modern psychology.* San Francisco: Jossey-Bass. 2001年には，（最初の出版から）32年記念版が出されるほどよく読まれた書籍である。

（4）O'brien, E. J., Bartoletti, M., & Leitzel, J. D.（2006）. Self-esteem, psychopathology, and psychotherapy. In M. H. Kernis（Ed.）, *Self-esteem: Issues and answers*（pp. 306-315）. New York: Psychology Press.

（5）Butler, A. C., Hokanson, J. E., & Flynn, H. A.（1994）. A comparison of self-esteem lability and low trait self-esteem as vulnerability factors for depression. *Journal of Personality and Social Psychology, 66,* 166-177. 抑うつの程度は質問紙によって測定された。医師の診断によるうつ病患者が対象ではなく，一般の大学生が対象である。

（6）Furnham, A., & Cheng, H.（2000）. Perceived parental behaviour, self-esteem and happiness. *Social Psychiatry and Psychiatric Epidemiology, 35,* 463-470.

（7）Diener, E., & Diener, M.（1995）. Cross-cultural correlates of life satisfaction and self-esteem. *Journal of Personality and Social Psychology, 68,* 653-663.　父親と娘マリサによる共著論文である。

（8）Trzeniewski, K. H., Donnellan, M. B., Moffitt, T. E., Robins, R. W., Poulton, R., & Caspi, A.（2006）. Low self-esteem during adolescence

文献

第１章

（1）恐怖管理理論はErnest Beckerらの研究を元にしてGreenbergらによって提起された。Greenberg, J., Pyszezynski, T., & Solomon, S.（1986）. The causes and consequences of a need for self-esteem: A terror management theory. In R. F. Baumeiser（Ed.）, *Public self and private self*（pp. 189–212）. New York: Springer-Verlag.

（2）Greenberg, J., Solomon, S., Pyszczynski, T., Rosenblatt, A., Burling, J., Lyon, D., Simon, L., & Pinel, E.（1992）. Why do people need self-esteem? Converging evidence that self-esteem serves an anxiety-buffering function. *Journal of Personality and Social Psychology, 63*, 913–922.

（3）A. M. Mecca, N. J. Smelser, & J. Vasconcellos（Eds.）（1989）. *The social importance of self-esteem*. Berkeley: University of California Press.

（4）Smelser, N. J.（1989）. Self-esteem and social problems: An introduction. In A. M. Mecca, N. J. Smelser, & J. Vasconcellos（Eds.）（1989）.*The social importance of self-esteem*（pp. 1–23）. Berkeley University of California Press.

（5）Baumeister, R. F., Campbell, J. D., Krueger, J. I., & Vohs, K. D.（2003）. Does high self-esteem cause better performance, interpersonal success, happiness, or healthier lifestyles? *Psychological Science in the Public Interest, 4*, 1–44. 図表なし，文字がびっしりの長論文。

第２章

（1）James, W.（1890）. *The principles of Psychology*（*Volume One*）. New York: Henry Hollt and Company.

〈著者紹介〉

山崎　勝之（やまさき　かつゆき）

現在，鳴門教育大学大学院教授，兵庫教育大学連合大学院教授（兼任），鳴門教育大学予防教育科学センター所長。博士（文学），臨床発達心理士，学校心理士，指導健康心理士。日本心理学会ならびに日本教育心理学会代議員。

健康・適応への心の影響因を研究し，その知見を基に独創的で効果の高い学校予防教育を開発して全国に展開している。「講義は深遠に，講演は愉快に，書籍は明快で意義深く」がモットー。

主な編著書に，『「学校予防教育」とは何か』（単著，鳴門教育大学，2015年），『世界の学校予防教育―心身の健康と適応を守る各国の取り組み』（共編著，金子書房，2013年），『うつ病予防教育―小学校から始めるメンタルヘルス・プログラム』（共著，東山書房，2007年），『攻撃性の行動科学　健康編／発達・教育編』（共編著，ナカニシヤ出版，2002年），『心の健康教育―子どもを守り，学校を立て直す』（編著，星和書店，2000年）など多数。

自尊感情革命

なぜ、学校や社会は「自尊感情」がそんなに好きなのか？

2017年9月10日　初版第1刷発行

著　者　山崎勝之
発行者　石井昭男
発行所　福村出版株式会社
〒113-0034
東京都文京区湯島2-14-11
TEL 03-5812-9702
FAX 03-5812-9705
http://www.fukumura.co.jp
装　幀　臼井弘志（公和図書デザイン室）
印刷・製本　シナノ印刷株式会社

ISBN978-4-571-22054-8　C3011